ICHINICHI ISSHA

ミニマリスト すずひ
MINIMALIST SUZUHI

1日1捨

ミニマルな暮らしが続く理由

KADOKAWA

ものの少ない暮らし。少ない服での暮らし。

ひと昔前なら、それは一見、豊かさの反対側に。幸せや満足感の真逆にある「さびしい暮らし」って……そう誤解、認識されていたような。

どんどんものを手に入れ、ところ狭しと部屋を飾り立てる。新しい服を、毎シーズン、休むことなく買い続ける。それこそが「人生の楽しさ」で、多くもつことこそが「暮らしの豊かさ」だ、って。ずっと信じていました。わたしも。

けれど。本当に　そうなのかな。

「豊かな暮らし」って……ものをあふれるほどたくさん所有すること、なの？

その「違和感」に……多くの人が、今、うっすらと気づきはじめています。たくさん買って、所有してきた。けれど、満足感も、安心感も得られない。次から次へと新しいものがほしくなり、手に入れた途端、いらなくなることのくり返し。いつも何かをほしがり、ものに依存し、他人の視線や評価が気になって仕方な

少ないことは、豊かなこと。
「素顔」の自分と出逢うこと。

い「他人軸」な、こんな暮らしのままで、人生のままで……本当にいいの？　どうしたら、このつらさから解放される？　どうしたら、もっとわたしらしく生きられる？

どうしたら「素」のわたしに……戻れる？

それは、「ものを手放すこと」でした。

真の「豊かさ」、そして「わたしらしさ」は……ものを手放した、その先にあった。

がらーんとした部屋は、ものなんてなくても、もう充分「満たされて」いた。

居心地のよさや清潔さ……そして、すっきりと整った清々しい空気で。

「もの」重視の暮らしから、「人」重視の暮らしへ。

ページをめくりながら……そんな日常を、ちょっとだけ想像してみませんか？

すずひ

CONTENTS

CHAPTER 3

ミニマルな空間の美学

CHAPTER 4

ミニマルな家事が「感謝」を連れてくる

CHAPTER 5

ほしいものを買ってお金が貯まるミニマルな暮らし

CHAPTER 6

本当の満足を知って、わたしのミニマルな暮らしは続く

book design_ 吉田憲司+伊東沙理佳(TSUMASAKI)
photo_田辺エリ
DTP_山本秀一+山本深雪(G-clef)
校正_文字工房燦光
編集協力_野口久美子

ミニマルな暮らし
への分岐点

CHAPTER

1

01

ものを捨てる、って「もったいない」ことなのでしょうか

100着、120着の服をもっていた頃から、わたしは自分のワードローブをちょこちょこ見なおし、そこそこの「手放し」をしていました。ですから、自分ではその都度、ちゃんと片づけたような、ちょっとよい気分になってしまっていて。

でも実際は……。

手もちの服の中から、気に入っていない下位ランク3着を手放す。そして新しく5着ほど買う。結果、2着増えている。捨ててはいるけれど、増えている。そういう手放し方。

こんな「甘っちょろい捨て方」を何度もくり返したがために、じわじわと、しかし確実に、まるで皮下脂肪のように、わたしの服は増え続けてしまったのです。

こんな捨て方しかできなかったのは、いったいなぜだったのでしょう。

「買ったものを捨てるのがもったいない」。うっかり捨てて、また買いなおすことになったらもったいない。そう、失敗を恐れていたから。でも今なら。よくわかる。

いちばんもったいないのは、それを買っちゃったこと。使いもしないものを買った時点で、もうとっくにもったいないことをしちゃったってこと。

「捨てるからもったいない」のではない。

使わないものを買ってしまった時点で、お金を一旦捨ててしまっているのです。ですから。10年握りしめていても、3日で手放しても。もったいなさは、もはや同じ。

使わないものを握りしめている限り、「もったいない」の呪縛からは逃れられません。ものとの向き合い方は、だから、ふたつにひとつ。

使うか。手放すか。そのどちらかしか、ないのです。

ものを捨てられない人は、使うか、手放すかを決められず、「ただもっておく」という第三の道に逃げ込んでしまう傾向があります。本当はもう使わないとわかっているのに。使わないものを買うのは平気なのに、捨てることだけを「もったいない」と思ってしまうのは、なぜなのかな。

考え方をかえたいなら、まずは捨ててみる

たとえば、半袖の黒いワンピース。わたしにとって長いこと「特別扱い」の1着で、あまり着ていませんでした。でも最近は、ものすごくたくさん着ているのです。着心地が楽で手入れも簡単なことにも、今になって初めて気づきました。これまで大切にしすぎてあまり着なかったこと、「もったいないことしちゃったな」と思います。

本当の「もったいない」って、多分そういうこと。

よそゆき服を普段着にすることより、着ない服をただもっているだけのことのほうが、どう考えてもはるかにもったいない。ものを捨てるときには、痛みが伴います。でも、ものをいっぱい抱えたままで、痛みも感じず、向き合うこともなく、暮らし方や考え方をガラリとかえられる超人なんて、きっと、いない。

だから、わたしは伝えたい。捨てたら、かわる。捨てたら、わかる、って。

買ってから2年間は、大切すぎて
「よそゆき」だったワンピース。
今は、気軽にじゃんじゃん着ています。

02

わたしにはわたしの、あなたにはあなたの、「捨て」がある

どうしてものを捨てようと、手放そうと思ったの?

これはミニマリストに向けられる質問の、基本中の基本です。

でも、わたしの「捨て」には当初、目的もビジョンもなかった。はたと思い立ち、猛烈な勢いでものを捨て、1カ月足らず、実際には正味2週間ほどで今の暮らしを手に入れてしまったのがわたしです。

このままではいやだ。今の暮らしをかえたい。自分らしさをとり戻したい。なんだかわからないけれど、とにかく「現状を打破したい」という一心に突き動かされました。でも、これはあくまでも「わたし」のやり方。ミニマルな暮らしを目指す、すべての人にあてはまるわけではありません。

片づけは、独学で学ぶもの

「すっきり暮らす」系の情報は、わたしたちの周りにあふれかえっていますから、きっかけとして、どなたかの片づけ術を参考にするのはとても素敵なことだと思います。でも、最初の一歩を踏み出した後、本当に歩き続けられるかどうかは、すべて自分にかかってる。プロのまねをしたり、教えてもらったりするのではなく、自分のライフスタイルと照らし合わせ、取捨選択し、熟考し、きちんと咀嚼して解決法を導き出してこそ、初めて自分自身の「捨て」と言えるのではないでしょうか。

片づけって、生き方そのもの。「その人そのもの」だから。

ちょっと行き詰まるたびにだれかに助けを求めていては、結局は「他人の人生のまねごと」になってしまう。片づけは、完全なる「独学」で身につけるもの、そして「自己との対峙」。どうか勇気を出して「あなたらしく」ものと向き合ってみてほしいのです。

抱え込んでいたものを捨てた「禊《みそぎ》」のような2週間。
住まいや自分を飾り立て、虚勢を張っていたわたしが
「素のわたし」に還れたような気がします。

BREAD
P M U L C
H S A G
D Q R F I
K W B M
L X N O E
5

03

たくさんのものを手放して「感情の詰まり」が抜けました

以前のわたしは、怒ってばかりいました。

「困惑している」「悲しく感じている」「負担に感じている」「納得いかない」「さびしく感じている」「助けを求めている」「不安を感じている」。そんなすべてを「怒り」にかえ、ただ「怒る」という短絡的な手段に逃げ込んでしまっていたのです。

不機嫌をまき散らして、いいことなんてひとつもなかったなぁ。幼稚だと思われ、面倒くさい人だと思われ、この人と関わりたくないと思われ。それがわかっているのに、甘えていたわたし。自分が強いような、偉いような、勘違いの万能感に浸っていたのかもしれません。自分の機嫌を自分で直すことができなかった。

不機嫌って、本当にはた迷惑でいやなものです。いい大人が、周りに自分のぐちゃぐちゃな気持ちを身勝手にまき散らすのですから。わたしの放つ「不機嫌砲」のせいで、周りの人にどれだけ不愉快な思いをさせてしまったことだろう。自分の振る舞いの数々を思い返しますと、ただただ恥ずかしい。後悔や謝りたいことばかりです。

でも、一見、周りに向けて発散しているように見えますが、不機嫌って、実際はぜんぶ自分に戻ってくる。イライラする気持ち、やさぐれた気持ちというのは……次から次へと、いやなことや不愉快なこと、トラブルを引き寄せますから。わかりやすい例ですと、イライラしていたせいで、タンスの角に足の小指をもげそうなほどぶつけたり、ね（笑）。不機嫌でいるということは、自分で自分をどんどん不幸にしている、ということなのです。

「捨てる」ことで気づいた自分のあり方

不機嫌だった頃のわたしが、いちばん言いたくていちばん言えなかった言葉。それは、「傷ついている」でした（プライドが邪魔して恥ずかしくて本当に言えなかった！）。でも、ミニマルな暮らしになった今。感情をひとつひとつ拾い上げて自分を見つめることが、それを「怒り」以外の形で伝えることが少しずつできるようになりました。「捨てる」ときって、これまで目を背けてきた苦手な課題と向き合うことのくり返しです。だから「困難なこと」にもたくさんぶつかる。わたしは、そのたびに自分の「身のほど」を思い知りました。

「自分が支えてやっている」というような気持ちで、ずっと思い上がっていたわたし。支えてもらっていたのは実は自分のほうだったのだと。今のわたしがあるのは家族のおかげなんだ、と。「ごめんなさい」や「ありがとう」、そして「助けてほしい」って、ちゃんと言葉で伝えられるようになると、家族との関係に嬉しい変化がたくさん起こり始めました。

「捨てる」作業を通して感じたのは、感情をふさいでいた「栓」が抜けた、という不思議な感覚。たくさんのものを手放したことで、心がとても「楽」になりました。「感情の詰まり」が抜けたような、この感覚。ものを捨ててガラーンとなった部屋を、風がスーッと通り抜けるのと、とてもよく似ている。

ミニマルな
ワードローブを
まとう幸せ

CHAPTER

2

04

12着の服で暮らすミニマリストの超・精鋭ワードローブ

細いパンツを買え、と言ったかと思えば、今度はワイドパンツを買え！と言う。アースカラーだ！と言うから買ったのに、次は一転、パステルが来る！とも。こちらの懐具合や収納能力などまるでお構いなし、なのです。メディアがつくり出す流行に踊らされている限り、買いものは永遠に止まらない。服を減らすことは不可能です。流行と同様、「定番」も「一生もの」も幻想。

あるのはただ、「着る服」と「着ない服」。ただ、それだけ。その2通りだけ、です。

以前のわたしにとって、「一生もの」は憧れの言葉でした。でも今は、違う。「一生もの」が聞いて呆れる。だって服は「繊維」なのです。人間が着れば必ず傷むのに。タンスにしまい込み、眺めておくだけなら、「一生もの」も可能なのかもしれません。けれど、そんなのは「服」とは言えない。服は、もち主がちゃんと着てこそ「服」なのです。

「12着」が、今のわたしにちょうどいい

今、わたしは、12着の服で暮らしています。

「迷い」や「妥協」や「タンスの肥やし」の一切ない、わたしの選んだ精鋭たち。服が好き。ミニマリストだけれど自分らしいおしゃれを楽しみたい。そんなわたしにとって、足りなくない。余ってもいない。とても、ちょうどいい。

服が少ないことって、無条件に快適です。管理・維持・収納に工夫は不要。12着すべての服を着ているし、12着すべて気に入っているし、そして12着すべて、今のわたしに似合う。そんな大切な12着の服だから、たくさん着る。うちで洗う。くり返し着て、何度も着て、傷んだときには買いなおす。そうやって、生きてゆく。こんな本当にあたりまえのことが、ようやくできるようになりました。

1
UNITED ARROWS
green label relaxing
「BRACTMENT」
プルオーバーニット
（グレー）

2
（ブラック）

3
「Plage」
バルーンスリーブ
コットンブラウス
（ホワイト）

4
（ブラック×
ホワイトストライプ）

5
「CINOH」
ドロップショルダー
ボリューム
タートルネックニット
（ネイビー）

6
「MADISONBLUE」
J.BRADLEY シャツ
（ホワイト）

7
Deuxieme classe Noire
Vネック ロングワンピース
(ブラック)

8
Muse Deuxieme classe
トリアセジョーゼット 7分袖ワンピース
(ブラック)

9
「BEAMS LIGHTS」
グログラン ギャザースカート
（ブラック）

10
「Deuxieme classe」
DOUBLECLOTH
フレア スカート（ブラック）

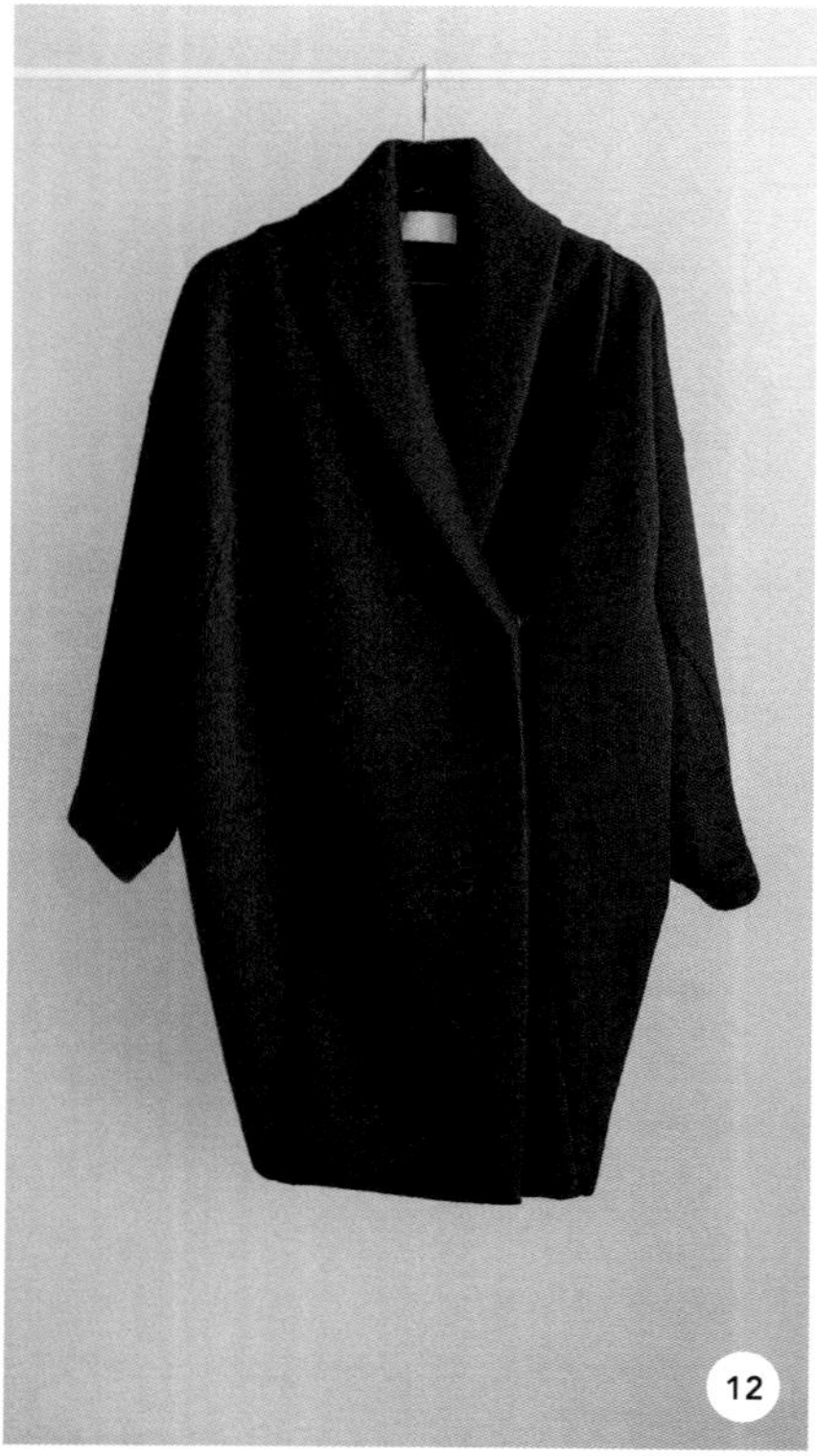

11
Deuxieme classe
トリアセテート
ジョーゼットコート
（ブラック）

12
「REALITY STUDIO」
コクーンコート
（ブラック）

※**8**と**11**はセットアップで着用できます。

A
Acne Studios
ウールストール
（グレー）

B
OLIVER PEOPLES
サングラス
（ブラック系）

C
BROCKTON
GYMNASIUM
ニットキャップ
（ブラック）

D
FALKE
FAMILY TIGHTS
（ブラック・グレー）

05

少ないけれど、飽きない不思議。12着の着回しコーディネート

12着。華やかだったり、パッと目をひいたりするようなアイテムはひとつもありません。どこまでもシンプルな白・黒・グレー・紺のワードローブ。

こんなに少ない服なのに、なぜ飽きないのか。自分でも、未だよくわからないでいます。大量の服をもっていた頃は、たった1回着ただけで飽きてしまうようなことさえ、よくあったのに。

わたしの少ない服たちはどれも、洗いざらしの風合いがいい感じです。ノーアイロンでも十分な、すばらしきパリッと感。毎日のケアが楽!

数が少ないということは、すなわち「すぐに洗う」ということ。わたしの服は、だから、いつも洗い立てのよい香りがします。

洗い立ての服をまとう幸せ

昔のわたしの服は……タンスくさかった（笑）！

服がたくさんありすぎると、洗って片づけた後、次にそれを着るのはずっと先になってしまうでしょう？　だから、タンスを着ているみたいだった。その頃のわたしの服は、「息が止まっている感じ」でした。

でも、今は。服そのものが呼吸している感じ。ちゃんと生きている感じ。しょっちゅう洗濯して、いつも清潔で。だから、どの服を着ても、とても気持ちがいい。

わたしは、もう、着ない服は買わない。シーズンごとの、セールも関係ない。

買ってから、まだ一度も着ていない服がセール価格になっているのを見て、以前はいつも憤慨していたっけ。毎年のことで、よくわかっていたはずなのに。それでも毎年、懲りることなくムカついていました。でも、そんなことも……今となっては、なつかしの思い出です。

4 + 9 + B + I + J + O

3 + 9 + B + E + L + O

6+ 9 + I+ M + O

7 + F + J + N + O

2 + 10 + B + C + D + G + K

1 + 10 + A + H + K + P

5 + 10 + G + J + L + O

5 + 6 + 10 + D + F + J + O

06

1足のパンプスが「いい感じ」のスタイルをつくってくれる

初めてパンプスを履いた、大学の入学式の日のこと。学校についた頃には……ひどい靴ずれに見舞われて一歩も歩けないぐらいかかとが痛くて、血がにじんで。入学式の記念写真は、泣いたような苦悶の表情を浮かべたものばかりになってしまいました。悲惨な経験から、もう完全に「パンプス・トラウマ」になったわたしですが、ここ3〜4年は、そんなパンプスを日常的に履くようになりました。40代半ば頃、ある日気づいたのです。パンプスさえ履けば、いつもの恰好がなんだか少し「いい感じ」に見えるということに。

それまで似合っていたカジュアルな服が、突如、似合わなくなったとき。全身を鏡に映して考え込むことがよくありました。洋服の組み合わせにばかり目が行きがちでしたが、違和感の原因は、実は「靴」であることも意外と多かったのです。

「見た目」は内面と直結する

足元は、見られています。ものすごく。前から？　いいえ、後ろからも。履いている靴が、そして素足の季節には「かかと」が、ひどく残念な同世代女性というのは、意外に多いです。もったいないな、と思ってしまうのです。

自分の靴の状態をチェックするときに、おすすめなのが「靴の写真を撮る」こと。写真に写った靴こそ、他人の目線です。最近、愛用のサンダル（43ページE）を「玄関履き」に格下げしました。正直、もう1シーズンいけるかな？と思っていたのです。自分が履いて見ている分には、ね。でも写真に撮ったらもう、その汚さたるや（笑）。

服も靴も、「自分そのもの」。まずは「第一印象」で判断され、内面を知ってもらえるのってどうしてもその後、な気がします。見た目で「興味なし」と判断されてしまえば、内面を知ってもらい、親しくなるチャンスをも失いかねない。そう思うのです。

後ろ姿が印象的なサンダルは、
「普段着」を「お出かけ着」に
格上げしてくれる1足。
冬はタイツを合わせて楽しみます。

E ビルケンシュトック マドリッド（ブラック）
F TRIPPEN（トリッペン）ORINOCO アンクルストラップサンダル（ブラック）
G GOLDEN GOOSE ローカットスニーカー（ホワイト）
H オデット エ オディール ポインテッドトゥパンプス（グレー）
I オデット エ オディール ポインテッドトゥパンプス（ブラック）

07

今のわたしに必要なのはバッグふたつ＋お財布ふたつ

わたしがブログを始めたばかりの頃、バッグの所有数は「４つ」でした。どれもみな、絶対に必要。絶対に手放さない！って思ってた。けれど、ある頃を境に、大きなバッグはいらないとわかり、重いバッグもいらないとわかり、さらにチープなバッグもいらないとわかり……ひとつずつ、手放しました。

そして、手元に残ったバッグがひとつだけになったとき、気づいたことが。グレーのバッグが必要だな。今のワードローブにはグレーのバッグがあるといいな。

ミニマルな生活を始めてから買い足したバッグは、かごバッグがひとつだけ。ちょうど3年ぶりの久々のバッグ選びでしたのに、今のわたしに必要なものが、あれこれ思い悩むことなくすぐに判明した、その理由は……。

ギリギリまでものを減らすことで、本当の欲求に気づく

服や小物がいっぱいあると、たとえば今、自分は何色のどんなバッグを買ったらいいのか、そういうことがぜんぜんわからない。それ以前に、必要なのはバッグなのか?靴なのか?そこからしてわからなくなるのです。その結果、これかなあ、なんて感じで、当てずっぽうで何かを買ってしまう。そして案の定、ハズレですぐにいらなくなる。ミニマリストになる前のわたしは、年中そんなことをくり返していました。

おなかがいっぱいで、「何を食べたいかわからない」状態になることって、ありませんか? 満たされすぎて、自分の欲求や好みもわからなくなる感じ。服や小物がありすぎるのって、その状態とよく似ています。もちものが多すぎるから、何を着たらいいのか、何を買ったらいいのか、さっぱりわからなくなってしまう。

そんなときは、無理して何かを食べる(買う)ことをしないで、はっきりとした「飢餓感」の訪れを待つといい。おなかがペコペコになれば、あれが食べたい!って

はっきりとわかる。欠乏して初めて、自分に必要なものがわかるのです。

ミニマリストはみな、きっとこの仕組みをよく知っています。ものが少なくなると、自然に気づかされるのです。もちものを、最低限のギリギリまでいったん減らすことで、真の欲求が目覚めるのかもしれない。本当の気持ちが、わかるのかもしれない。

断食の後、おかゆの甘さに驚くように、ものを減らした「飢餓状態」というのは、自分の感覚をとても鋭くしてくれます。これは、一種の快感。一度味わってしまうと、もう「鈍い自分」には戻りたくない、って思えます。

バッグがひとつになったとき、本当に好きなものはこれだった、とわかった。では、そこへなぜ、新しいものを追加したのか。それは、ものを「お気に入りのただひとつ」に絞ってしまうと、俄然、傷みが早くなってしまうからです。お財布も、ポシェットタイプのものがひとつだけ、でしたけれど、もうひとつ買い足した。それは、ふたつのバッグに無理なく入るサイズのものが必要、との判断から。

大切に、長く使いたいものをもったときこそ、自分にとって本当に必要な「適正数」を知るとき。見極めることができるとき、なのかもしれません。

J
J&M DAVIDSON
Drawer別注カーニバル
（ブラック）

K
STELLA McCARTNEY
Mini Cross Body Shaggy
Deer Falabella（グレー）

L
MM6 Maison Margiela
2つ折り財布
小銭入れつき（ブラック）

M
J&M DAVIDSON
TRAVEL POUCH
（ブラック）

08

「まあまあ似合う服」ではなく「とても似合う服」を着て過ごしたい

服を減らそうとするとき、もっともやっかいなのは「まあまあ似合う服」の存在です。まったく似合わなければ、ためらわずに捨てられるのに、「まあまあ似合う」となると、とたんに捨てにくくなります。その服が高価だったりしたら、なおのこと。

わたしは、デニムが「まあまあ似合う」タイプでした。デニムは多くの女性の定番ゆえに、便利に決まっている！という思い込みもあり、長いこと所有していました。

好きなスタイリストさんが提案する素敵なスタイリングを、そっくりそのまままねしたくてたまらない！という時期があり、その名残で「デニム＋白シャツ＋トレンチコート」の永遠の定番3点セットを何年もずっと大切に保管していたのです。

「すずひさまは首が太くて短いけれど、その白シャツ、まあまあお似合いですよ」と教えてくれるような、有能な（笑）店員さんにはこれまで出会ったことはありませんが、試着室でまあまあ似合ってしまうと危険ですね。お買いものの高揚感も手伝って、とってもよく見えてしまう。そんな「まあまあ似合う服」を大量にもっていたせいで、当時のわたしはどれが「本当に似合う服」なのかさっぱりわからない状態でした。

「まあまあ似合う服」は、「たいして似合わない服」

本気で服を減らしたいのなら、「まあまあ似合う服」は、しょせん「まあまあ」であるということをはっきり認識するべきです。言いかえれば、「まあまあ似合う服」って、実はたいして似合っていない服、なのです。「まあまあ似合う服」を着ていて、心は踊るでしょうか。その日の自分に、自信をもてるでしょうか。

「とても似合う服」がほかにあることに気づけないまま「まあまあ似合う服」を着続ける意味が、目的が、いったいどこにあるのか。せっかくの大切な人生なのに。

自分のワードローブは、自分で考えて決める

1週間は7日だし、1年は365日だし、体はひとつ。たくさんの服をもっていても、実際に着ているアイテムって意外と限られているものです。たとえばわたしの場合、特別なシーンで着るような「ドレス」や「お呼ばれ服」なんて、必要なかった。よそにも行けるような、きれいめの普段着が少しだけあれば、大丈夫だったのです。

服を減らすときにもっとも気をつけたいのが、「ライフスタイル」。自分のライフスタイルをしっかりと見極めることです。たとえば雑誌などでよく特集される「1週間着回しコーデ」。限られた服を華麗に着回すモデルさんの姿を見ると、ああ、なんて素敵！そっくりこのままマネしたい！などと思いがちです。

でも、ステキな「1週間ワードローブ」を、仮にそのとおりに揃えたとしても……。わたしがその人と同じコーディネートで過ごせることなど、ありえない。

なぜならば。雑誌の設定と、現実のわたしの暮らしとは、出かける先が、乗りもの

が、生活習慣が、人生すべてが、まったく違うから。あ、あと顔と体型もです（笑）。何をどう着るか自分で考えないとダメなんだ。自分のライフスタイルとかけ離れた服を買い続け、たくさんの授業料を支払い、ようやくわたしは悟るに至ったのでした。

「好んで着ている服」の数をチェックしてみて

わたしの服は、12着。

「とても似合う服」ばかりになったわたしのクローゼットは、今、とても、強い。どんなときでも一瞬のうちにコーディネートが決まり、そして、それが必ず今のわたしに「とても似合う」。着る服を選んだり、管理・収納したり……そのすべてがミニマルになった。服を着ることに対するストレスや不安がなくなりました。

12着って、少なすぎるでしょ！　信じられない！と思われますか？　でもね、自分で気づいていないだけで、「特に好んで」着ている服の数って……意外とみなさまもそのくらいなのかもしれませんよ。

09

自分のライフスタイルに合わせて普段着とよそゆきの比率を見なおす

「寝るときに着る服」はありますが、わたしは「部屋着」のたぐいを、1着ももっていません。朝起きて、家族を送り出したら、12着のいずれかに着がえます。

部屋着がなくて大丈夫なの？　と、あまりにもよく聞かれるので、わたし、あるとき実験をしてみたのです。とても疲れていた日、寝るときに着ているTシャツをそのまま着て、下だけスカートにはきかえて。たいそう自堕落な1日をためしに過ごしてみることに。さぞかしくつろげて、癒やしの時間を過ごせるかと思いきや……。

わたしなぜか、余計に疲れたのです。「ぐったり」と。体は休まったのかもしれない。けれど心が疲れたような、なんとも言えない、いやな感じ。

ある程度きちんと身なりを整えて、自分に「スイッチ」を入れたほうが疲れにくいのかもしれません。その証拠に、部屋着をなくしてからのほうが、毎日の家事がやたらと楽しい。家で過ごす時間の「質」がかわった。そんな実感があります。

服をたくさんもっているのに「着るものがなかった」謎

以前のわたしは、部屋着は絶対に必要！って思っていました。そのくせその頃は、なぜか「お出かけ用の服」ばかりを買っていて。動きにくく、椅子に座るのもしんどいような、まさしくよそに行ってすまして立っていることしかできないような服。家事をすることなど一切不可能な、よそゆきの服ばかり。わたしは「主婦」なのに。

案の定、気取ったそれらを着る機会などめったになく、ほとんど着ないまま結局いらなくなるのでした。服を買っても買っても、どれだけたくさんもっていても、いつも「着るものがない」と感じるのが謎であり、苦悩でした。

でも、買って、捨てて、買って、捨てて、捨てて。ようやくついに理解した。ああ、わたしはこういう服ばかり買っていたからいけなかったのね、と。

大切なのは、服の「数」より「比率」

ミニマルな暮らしを目指すとき、服に関しては「所有する数」や「少ない服での着回し」などばかりが注目されがちです。でも、本当に大切なのって服の「数」やその「着回し」のそのまた一歩先、自分のライフスタイルに合致した「服の比率」です。

わたしの場合、生活の98パーセントが「普段」。わたしの暮らしに必要なのは、だから圧倒的に「普段着」です。わたしの失敗は、タンスの中をむだなよそゆき服でいっぱいにしていたこと。普通の日に着られないような「特別な服」の割合があまりにも多すぎた。それが、今ならよくわかる。

わたしがもつべき服の正しき比率は……「普段着：よそゆき＝9：1」だった。以前は、この比率がまったく逆で「2：8」ぐらいだったような気がします。これでは毎日、「着る服がない」と感じるのも当然ですよね。

買ったのに着る機会がない服の大半は、思いきって買った「素敵な服」や「高かった服」ばかり。だから、捨てるの、つらかった……。1回も着ないまま手放した、たくさんのよそゆき服を思い出します。宅配買取の備考欄に、書きたかったな。「未着用です。家で見てただけです！」って（笑）。

好きな服を着れば1日を気分よく過ごせる

今のわたしに必要なのは、お気に入りの普段着。それが身にしみてわかってからは、わたしのワードローブは「ちょっといい感じの普段着」を揃える方向へチェンジ。

普段着は、「それを着て家事ができること」が大前提です。アウター以外は、自宅で洗濯&ケアができることも大・大・大前提。「いかにも部屋着」ではなく、そのまま外出もできる服。そういう服って、探せばたしかにあるのです。

どうでもいい部屋着で過ごすと、その1日は、「どうでもいい1日」になり下がる。同じ1日を過ごすなら、どこへも出かけない日であっても、わたしは好きな服を着る。その1日を気分よく過ごせる効果は……超・絶大だから。

10

もちものを減らしたいなら「色」を絞り込んでみる

ミニマリストを志してからもしばらくの間、わたしはシルバーとゴールド、2色のアクセサリーを手放せずにいました。その両方が必要だと思い込んでいましたし、どちらかに絞ってしまえば、ただでさえ少ない服の着こなしの幅を狭め、さぞ不自由になるだろう、と恐れていたからです。

髪の色を明るくしていた頃はゴールドも好きだったのですが、元々の黒髪に戻してからは、シルバー派となりました。今は黒い髪も、いつか自然にグレーに、そして白くなっていくでしょう？　自然に茶髪や金髪になってゆく、なんてことは、生物学的に、まずありえないことですから。

さらに瞳も真っ黒なわたし。「茶色」の要素は全身探しても、どこにもないのです。

そう思うと……将来の姿も含めて、今のわたしが手元に残すべきは、ゴールドよりも断然シルバーなんじゃないかな？と思えて。白・黒・グレー・紺に絞り込んだワードローブにもシルバーの「白い輝き」は、とてもよく似合うのだから。

アクセサリーを1色にしたら、おしゃれが楽に

ゴールド系のアクセサリーを思い切って手放し、シルバー系だけに絞り込みました。着こなしは不自由になったか？　つまらなくなったか、って？

いいえ。むしろ、とても「自由」になった。すっごく楽ちんになったのです。

いろいろな色のアクセサリーをもっていると、バッグも、靴も……と、それに合うものが次々必要な気がしてきてしまう。その結果、もちものが2倍、3倍になってしまうこともある。過去のわたしは、いつもそうでしたから。

「差し色」や「アクセント」。アクセサリーなら、「カラー」や「質感」。たくさんのアイテムを揃えて、服装や気分、お出かけの目的によって巧みに使い分けましょう！

おしゃれを楽しみましょう！　おしゃれに関するそんな情報って、そこら中にあふれかえっているのだけれど……1色に絞ってしまえば、とても楽になる。こんなことは、だれも教えてはくれなかったなあ。

似たものがあるなら、好きな色のものだけを残してみる

全体の雰囲気をシンプルにしたい。そしてできればアイテム数も減らしたい、と思うとき、「カラーを絞り込む」ことはとても、とても有効です。

同じようなものが3つあるのなら、その中でいちばん好きな色のものだけ手元に残し、残りふたつは手放す。これなら、無理なくできそうな気がしませんか？

単に捨てるのではなく、「好きなもの」を選ぶのだから、苦しいながらも、どこか楽しい。もちものが、本当に自分の好きなものだけになっていくという、確かな手応えも、ある。「色を絞り込む」作業って、もちものの数を減らすことに超・直結する「秘訣」です。わたしは確信しています。

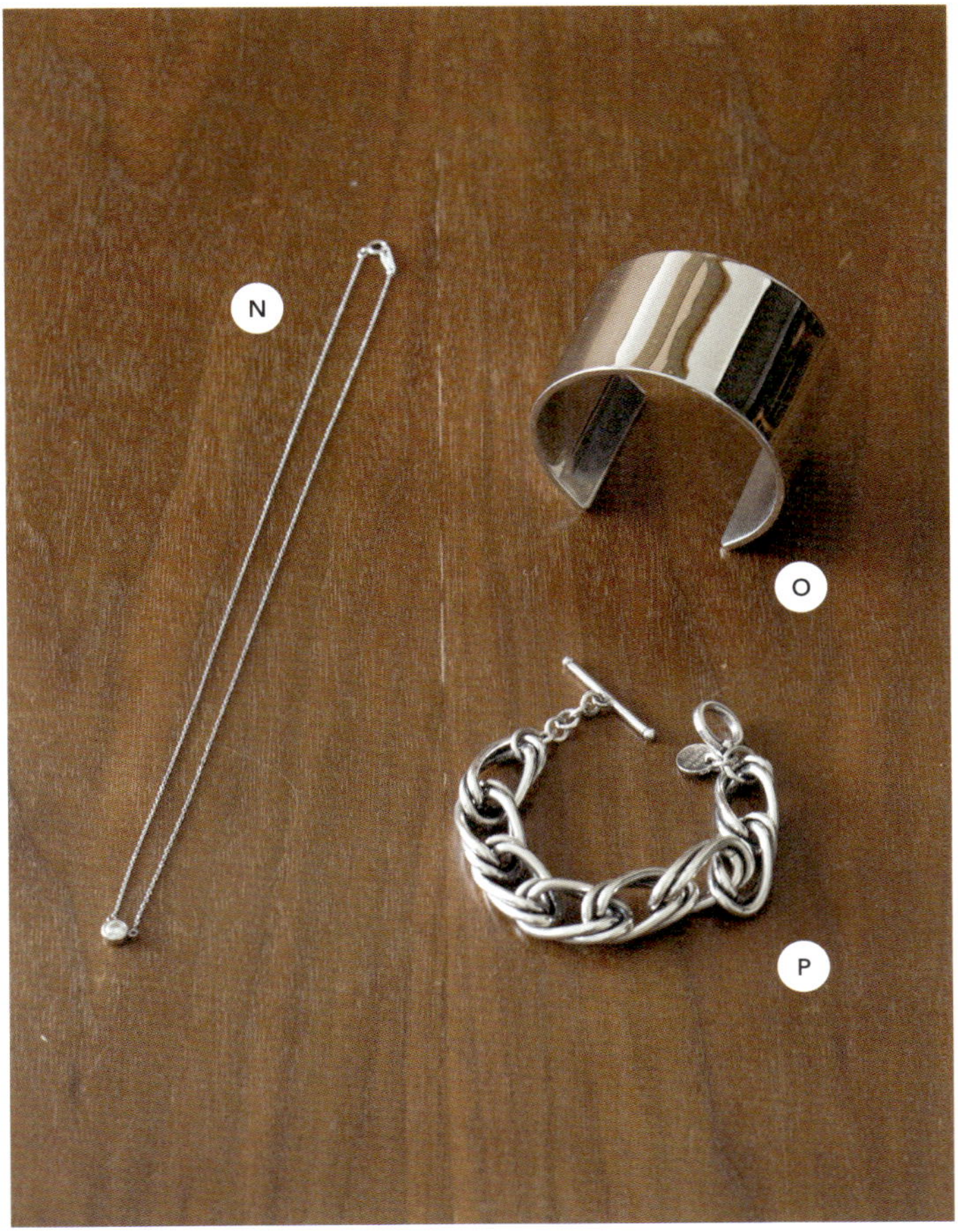

N　1粒ダイヤのネックレス（エンゲージリングをネックレスにリモデルしたもの）
O　UNITED ARROWS シルバー4cm バングル
P　PHILIPPE AUDIBERT Drawer別注 チェーンブレス

11

「もういらない」が1秒でわかる方法

まったく同じ服を買いなおしたことって、ありますか？　今着ているものと「まったく同じ服」をもう一度買う勇気……ありますか？　わたしには、その経験が二度あります。

最初は、チノパン。何度かはくうちに「なんか、ちょっと、これ、大きくない？」と、たいへんいやなことに気づきます。気になり出したら、もうダメでした。心のぞわぞわが止まらず、耐えきれず、まったく同じデザインのワンサイズ小さいものへと買いなおすことに。くやしさにうち震えながら。

二度目はコート。よりによってコートです。あろうことか、初めて着た日に破いてしまった。しかも、修理しようのない「カギ裂き」。その日、わたしには、自転車に乗る用事がありました。段差でぐらつき、片足をついて止まろうとした瞬間、履いていたパンプスのヒールがコートの裾を貫通。さらに、そこから20センチほど、生地が裂けてしまったのです。

チノパンは、まだよかったのです。サイズが合わないものをもらってくださる友人がいたから。でも、コートは捨てるしかなかった。新品なのに、やりきれなかった。切なかった。そして買いなおしは、懐が痛かった！

「本当にいるもの」とは、簡単に離れられない

少ない服で暮らしておりますと、たくさんの服をもっていた頃にはなかった「緊張感」があります。たとえるならば、それは1軍のスタメン選手だけで戦うチームの監督、のような気分。2軍、3軍の控えがない。

控え選手がいれば、件のチノパンのように少々違和感を覚えたとしても「まあいっか」で済んだのかもしれません。でも、1軍しかいない暮らしとなりますと、スタメ

ンの中に使えない選手がいる、という理不尽さには、耐えられなくなります。まさに鬼監督の心境（笑）。

買いなおすなら、どうせなら少し違ったものにすればよかったのに……と、思われますか？　そうはいかないのです。わたしの少ない服は、自力で見つけ出し、迎え、ともに歩んできた信頼と実績のある選手ばかり。別の選手では、困るのです。今の自分にとって「必要不可欠な服」ばかり。そうそう簡単に離れられるってものでは、ない。

失ったときに同じものを買いなおすか？と考えてみる

失ったとき、それとまったく同じものをすぐに買うかどうか。
これこそ、「もういらない」ことが1秒でわかる方法。

失ったとき、すぐに「困った！」と感じ、大慌てで同じものを探して買おうとするなら、それは「いるもの」。

そうではなく、「次に必要になったときに買おう」「これまでと同じものではなくて、ちょっと違うものを買おうかな」などと思うなら、それはおそらく「いらないもの」。本当はなくてもたいして困らないものである可能性が。

「捨て」の基準って、結局のところすべてこの1点に集約されているのではないかな。服だけではなく、アクセサリーのような小さなものでも。それこそ車のような大きくて高額なものであっても。

「買いなおす」ことには、出費が伴います。それに、勇気も必要。自分のお金が減るのです。どなたにとっても痛手です。「なければないで済む」という程度のものに、もう一度身銭を切るなんてこと、できますか？　おそらく、ためらうでしょう？

「好き・嫌い」も、「要・不要」も、実にあいまいな基準です。たくさんのものを手放し、「捨て」の経験を重ねてきたわたしでさえも、時に迷うし、間違える。

そんなときこそ、「同じものをまた買うか？」という自問自答。本当の気持ちに気づくはず。迷うことなくすぐに「買う！」と即答できるものだけが、自分にとって「本当に必要なもの」なのではないかな。

12

捨てる服に迷ったら1週間の旅支度をしてみる

旅先のホテルで、ふと気づいたこと。

旅のときの服って、「これは2日め」「こっちは3日め」というように、コーディネートが決定された状態でもってきています。だから、朝、着るものに迷うことなどない。決まったものを、あたりまえに着る、この感じ。わたしの場合は、旅先だけではなく、家でもいつもこんな感じだぞ、と気づいたのです。

だから、もしも服を本気で減らしたいと思うのなら。

7日間の旅行の想定で、「リアル荷づくり」をしてみるといいのかもしれません。

せっかく楽しい旅行に行くのに、気に入らない服や似合わない服、傷んでいる服をわざわざもっていく人はきっといないでしょう?

家で着るのならいいけれど、旅行には着ていきたくないわ。

そう思うのならその服は多分「いらない服」。荷づくりをしてみると、普段の生活の中ではつい見落とされがちな「要・不要」や「いい感じ・ダサい感じ」を客観的に、キビシめに判断することができるかもしれません。

旅にもっていきたい服こそ、自分にとっての「精鋭」

旅の荷づくりの際、わたしは、「気に入っていて、自分に似合う、状態もよく、さらに着心地のよい服だけをもってゆく！」と決めていました。そして、自分のワードローブと向き合ったとき……もっている服のすべてが、その条件にあてはまった。

そのときの感動といったら！以前のわたしなら、服はいっぱいあるのに「旅行にもってゆける服はない！」となって、慌てて何着も買いにゆくはめになっていたと思うから。7日間の旅の間に着たい服を揃えてみる。ちゃんと、鏡の前で着てみる。

7日間もあるとなれば、靴だって、スニーカーだけでは立ち行かなくなることに気づく。旅の間には、カジュアルに街を歩く日、ちょっと素敵なディナーを楽しむ日、長時間乗りもので移動する日など、いろいろな日がありますものね。

7日間の旅の想定であれば、普段の暮らしに登場する、およそあらゆるシチュエーションを網羅できるのでは？と思うのです。

旅に出れば、写真だって撮るでしょう。同世代の友だちと並んで、画面におさまったりもするでしょう。そのときに、着ていて恥ずかしくない服。自分を見劣りさせない服。自信をもってカメラの前に立ち、とびきり笑顔になれる服。思い出の記録に残されても後悔しない服。「旅にもっていく服」って、そうあってほしい。

「精鋭ワードローブ」を構築する秘訣も、「日々のもちもの」を厳選するヒントも。「旅支度」にこそ、その答えが。いえ、「真髄」が隠されているのかもしれません。

自分なりの好みやこだわりを生かしながら、楽しく、そして厳しく「絞り込む」。旅に出るとなれば、スーツケースを突き破り、家の中のものを何もかももっていくことは決してできませんから。普段、いらないものを見極めるのが苦手な人も、ここは意を決して、絞り込まざるを得ない、でしょう（笑）？

服を減らすための考え方はいろいろ。
「旅の荷づくりから外れる服」っていうのは、
思いがけない見極め効果を発揮するかも。

13

服はかわらないけれど、自分はかわる。「個人試着会」でいらない服を見つける

1日のルーティーン、「朝のお掃除」が終わったそばから、「がら～ん」なリビングに衣類・その他を散らかすわたしがいます。

これいったい何をしているのかと申しますと……。

手もちの服をすべて引っ張り出してきて、手当たり次第「試着」しているのです。遊んでいるのではありません。わたしは真剣です。

40代を迎えたら、こうした「個人試着会」を定期的に、なるべくこまめに開催すべきなのです。並べて眺めたり、鏡の前で当ててみるだけではダメ。いちいち着ないとダメです。できれば靴も履いて、バッグももって、アクセサリーも合わせてみたほうがいい。買ったときのまま、そのまま似合い続けていられるのは、うんと若いうちだ

け。試着したあの日は、刻々と遠ざかっているのだから。

40代には「クローゼットの中の服がある日忽然と似合わなくなっている」という恐ろしいことが頻繁に起こります。頻繁に、ですよ。時々、ではないのです。

似合う・似合わないの判断は自分の基準で、厳しく！

買ったばかりのとき、または以前着たときに「似合う」と感じていた服。そのときのまま、「何日か若いときの自分」に似合っていたイメージのまま、安心してクローゼットに眠らせている服、ありませんか？　次にそれを着たとき、「げ！　ぜんぜん似合ってない！」なんてことが起こるかもしれません。

1着1着を「ていねいに」着てみることを、だからわたしはおすすめするのです。昨シーズンはたしかに似合っていたのに、今は似合わない。なんで？とか、今もよく似合ってる。大丈夫！とか。自分の目で、厳しく見極めるのが「個人試着会」。今の自分に「もう似合わない服」をどっさり発掘できるかもしれません。

靴も合わせてみたいから、靴底をきれいに拭いて室内へ。
今の自分に似合う服だけをもち続けるためには、
買うときより、買った後の試着のほうが、はるかに重要なのです。

14

「どうでもいい服」をもつのをやめて知った大好きな服をもつ&着ることの幸せ

服に関して、かつてわたしにはおかしな習性がありました。

新しい服、今年買ったばかりの服を着られない。限りなく新品のままとっておこう、とする習性。では、いったい何を着るのか。「どうでもいい服」を着るのです。

手もちの服の中でも特に着古した、もう何年も着ているような、なるだけ「どうでもいい服」を、わざわざ選んで。汚れても破れても「ま、いっか」と思えそうな服ばかりを、つい着てしまう。買ったばかりの服や、お気に入りの服は新品のままクローゼットにしまい込む。それが「大切にしていること」なのだと、半ば本気で思い込んでいました。

大切な服を「着るしかない」状況に自分を追い込む

自分の中にはびこる、そんな「貧乏性」や「セコさ」を払拭するため、わたしはわたしにに荒療治を施しました。「どうでもいい服」をすべて手放してみたのです。捨てた後しばらくは、正直、とても怖かった。手元に残ったのは、それまでなら普段から着るのに躊躇してしまうような服ばかりなのですから。

でも、心の頼りだった「どうでもいい服」は、もう、ない。ないとなれば、仕方ありません。お気に入りの服や、大切な服を着るしかないのです。「着るしかない」って、変な言葉でしょう？　おかしいでしょう？　着たくて買った服なのに。大切な服を普段から着ることに「慣れる」には、それ相応の「訓練」が必要でした。

ある日、大好きな白いニットにトマトソースがとんでしまい、絶望で白目になったことが。でもね、自分で染み抜きをして洗濯したら……普通にきれいになった。

大好きな服を普段着にしてしまったら、こうして汚してしまう。大切なものを失ってしまう。そんな恐怖にばかりとらわれていたわたし。でも、そうじゃないんだ、ということを知りました。大切な服を、毎日惜しみなく着ることの喜び。服を買うこと・着ることってこういうことだったのか！って。やがてわたしの中でそれは「日常」となり、今はもう決して特別なことではありません。

「どうでもいい服」は満足感を与えてくれない

「どうでもいい服」は、買った！という実感や満足感が希薄です。だから、また買う。すぐに買う。次こそ満足できるはず、という不確かな期待、迷走&散財。自覚のない買いものをくり返していると、「満足」ってもたらされない。いつまでたっても。

「大好きな服だけをもつ幸せ」を、どうか知ってほしい。何かを買い続けてしまうのは、自分のワードローブに満足できていないから、なのでしょう。たくさんは必要ない。そのかわり、妥協のない服選びをしてほしい。「本当の満足」を知れば……散財は止まります。わたしが証明です。

「もっていると便利そう」「安くてお得だから」。
妥協して買うことをやめなかったら、今も服が増え続けていたのかも。

15

似合う服がなくなってきたときがワードローブを絞り込むチャンス

お出かけ前や、新しい服を着てみたとき。わたしたちは、多くの場合、自分の家の鏡に映った自分の姿や服を見ていると思うのです。自分しか映っていない、とても「パーソナルな鏡」。でも……家の鏡に映った自分の姿というのは。実は、意外と。ちょっと「嘘」なのです。嘘、というか……甘いのです。

自分自身の姿やもちものが、実際よりも少々よいものに見えてしまう。だから、「うん、似合ってる」「まだ捨てずにおこう」ってなる。なかなか正しく見極められない。自分の家の鏡って、往々にしてやさしさが過ぎるのです。

たとえば家でメイクして、「お出かけ顔の合格点」のつもりで美容院に出かける。そして美容院の鏡に映った自分を見て……ええっ!?って思ったこと、ありませんか?

家の鏡で見た顔とずいぶん違う。3〜4割ブサイクに見えるんだけど（笑）！
でも。真実って、こっち。外で、公共の場で見た自分の顔や服。姿。身びいきのない目線で自分を見ることができる「真実の鏡」って、外出先にしか存在しないのです。

「今の自分」と向き合って、似合う・似合わないを見極める

好きな服を着て。気分よく出かけて。それなのに、外出先の鏡に映った自分が、思っていたのとぜんぜん違う。家では大丈夫、と思ったのに。「真実の鏡」は、「現実」や「見劣り」を容赦なく映し出します。

頭の中でイメージする自分の姿って、実際の年齢より何年か若いまま止まっていることが多いのだそうです。その結果、もっている服と、実際の姿が次々と合わなくなる。ずれてくる。42歳頃のわたしが、まさしくそうでした。

おかしい。何を着ても、変。いったいこれは、どうしたことなんだ、と。
30代だった3年前と、たとえ体重はかわっていなかったとしても、そういう問題で

はなかったです。自己評価、甘すぎ。ゆるすぎ。自分にやさしすぎました。目の前にいる現在の自分ではなく、数年前の自分の「残像」を見ていたと言えましょう。

だから。それまで似合っていたものが似合わなくなる時期って、少ない服に、「少数精鋭の服」に絞り込む実は絶好のタイミングなんです。似合うものの絶対数がガクンと減るおかげで、とても絞りやすくなる。減らしやすくなる。

好きだけれど似合わない服や、「高かったから」と執着している服を、思いきって捨ててみませんか？　そして、次に服を買うときは、その1着と本気で向き合う。本当に似合っているか。手入れはしんどくないか。妥協していないか。これを、買いものたびにくり返す。すると……もうね、超・面倒くさいわけですよ。こんなに考えなきゃいけないのなら、もう服なんて買いたくない、なんて気分にもなります。

似合わなくなった服を捨て、買うときには熟考する。これを根気よく続けてまいりますと、「自分にふさわしい新しい1着」のイメージは次第に明確になってきます。そうなってくれば。今の自分に似合う服だけが揃った、ストレスゼロの、「最強のワードローブ」の完成も間近。もう、すぐそこ、です。

もっている服は少ないけれど、どれもが「似合う服」。
だれのまねでもない、「わたしらしい」ワードローブです。

16

Tシャツを手放し、パンツを手放す。わたしの人生の、分岐点のひとつです

2017年の冬。わたしは突如「Tシャツがいらない」気持ちになりました。少し前の「個人試着会」では、大丈夫（つまり必要）、と結論づけていたにもかかわらず。もっていた3枚のTシャツを順番に着たとき、正直、あったのです。初めて感じる違和感が。けれど、それは今が冬だからだよね。などと、いったんは自分をごまかしました。しかしながら、じわじわと来たのが「直視せよ」との、己の声。

似合わなかったことをすぐに認めたくない、負け惜しみみたいな気持ちってありますよね。若い頃のファッションにしがみつきたい気持ち。Tシャツなしで暑い夏をどう過ごすのか、という問題に向き合うのが面倒くさいという気持ち。Tシャツを否定するのなら、より優れた代替案を自分に提案しなければなりません。わたしに、それ

ができるのだろうか……。けれど、決心は、ついた。問題を先送りにするのは、もうやめだ。もう、わたし、夏にTシャツは着ない。

Tシャツもパンツも、今のわたしには必要なかった

「Tシャツは必要」という40年を超える思い込みをわたしは手放しました。Tシャツがなくたって、夏を生き抜くことはきっと可能。まだやったことがないだけだ。春になる頃には、「Tシャツは、これからは寝間着のみ！」と割りきることに成功。

そして迎えた、夏。意外な発見がありました。それは、Tシャツは、暑い！ものすごく暑いってこと。コットンの風通しのよいブラウスで過ごすことに慣れてしまうやいなや、たちまちTシャツを受けつけない体に。夏はTシャツがいちばんだ、と長年信じていたのですが、そうではなかった。そして同じ夏、わたしは、すべてのパンツも手放すこととなります。夏は、手放しが加速しやすい（笑）。

実はパンツは、もう長いこと、わたしにとって「お守りアイテム」と化していまし

た。少ない服でのコーディネートに幅をもたせるための単なる「お守り」として、ずっと手放せずにいたのです。でも、わたしは、本当はパンツよりもスカートのほうが圧倒的に好き。ちょっと不安はあるけれど、今こそその気持ちに従ってみよう、信じてみよう、と。パンツなくても大丈夫なのかもしれない。

小さな取捨選択の積み重ねが「人生」をつくる

Tシャツはいらなかった。パンツもまた然り。ものや、服や、暮らしを、日々選択する。人生って、そんな小さな分岐点の連続のように思うのです。

その人の人生をつくり上げるのって、日々の、毎日の、小さな幾多の取捨選択のくり返し。10年後、20年後の人生に思いを馳せ、時間をかけて「自己プロデュース」に取り組み続ける。そんな生き方を、わたしは目指したい。

目の前のものに次々と簡単に飛びついて、自分が何者かもわからない人生にならないように。自分らしさを大切に、まっすぐ生きられる女性であるように。

冬だってスカート＋タイツのほうが、動きやすく、座りやすく、着ていて楽。
「パンツが必要」はいわばバリエーションの呪い。思い込み、でした。

17

「着たい服がない」悩みの解決法は服を減らすことでした

出かける時間の10分前になっても、着ていく服が決まらないことの恐怖。あの恐怖。服をもちすぎていた頃のわたしは、いつもいつもそうでした。服がないわけじゃない。先週も新しいのを1着買ったばかり。それなのに、今日、今、着る服がない。なぜか、「ない」のです。あるのに、ない。そのストレスたるや。おわかりいただけますか（泣）？　ベッドの上には「悩んでやめた」大量の服の山。

頭の中でコーディネートを決めておいても、ダメなのです。日頃、めったに着ないような服ばかり詰まったタンスだったから、いざ、当日着てみると……なんかしっくりこない。時間がない！　焦る！　そんなことがしょっちゅう。苦しかったな。

わたしが失いたくないものは「服」ではなかった

そしてある時期、とうとうわたしは待ち合わせに遅刻してしまう人間になりました。「服が決まらなかったせいで時間どおりに出かけられない」ということが頻発したのです。信じられなかった。

ショックでした。遅刻するとか、友だちを待たせるとか、絶対に耐えられないのがわたしであったはずなのに。いい大人が、あろうことか服が決められないという理由で遅刻するなんて。こんなこと、許されない。これでは、人としての信用を失ってしまう。このときの危機感って、その後、服を捨てるときの、とてつもない原動力となりました。

自分が失いたくないのは目の前の大量の服の山なのか。人としての信用や、大切な友だちなのか。そんなこと、考えるまでもありませんよね。

もしかしたら、多すぎるのかな。服を減らしたら、どうなるんだろう。やってみようかな……。服は多ければ多いほどいい、という長年の思い込みと、呪縛。解ける瞬間、手放せる瞬間は、もうすぐそこまできていました。

「迷わない服選び」は、とても楽しい

寒い日に外出するのなら、思いわずらうことなく、お気に入りのニットをすぽん、とかぶる。ボトムスは、どれを合わせても大丈夫。だからこれまた、考えることなく、好きなどれかをひょい、っとはく。ああ、服が少ないってなんて楽ちんなの！

たくさん歩くから靴はスニーカーがいいかな？とか、帰りにパンを買うから、バッグは斜めがけがいいかな？とか、迷うといえば、そのくらい。

迷って、着て、脱いで……を泣きたい気持ちでくり返したあの日のわたしは、もうどこにもいない。その理由は「服が少ない」から。そして、すべての服の「自分が着た姿」を、完全に把握できているから。服を選ぶこと、今は、とても楽しいです。出かける約束のある日も。そしてなんの予定もなく1日中家で過ごす日であっても。

ミニマルな
空間の美学

CHAPTER 3

18

「何にもない部屋」は1日にしてならず

がらーん、としている部屋が大好物ですのに、なぜか一気には行けないところのあるのが、わたしです。もともと、ものすごい「ものだらけ」「飾りものだらけ」のインテリアだったせいでしょうか。なんとなく「目がさびしい」気がして。ですから、インテリアに関しては、少々ゆっくりとしたペースでものを減らしました。

「飾りものだらけ」から「なんにもない」への変貌の間に、ごくごく短い期間でしたが、「モノトーンインテリア」に目覚めた時期がありました。今ソファに置いているクッションは、その頃に買ったもの。モノトーンで整えられた美しいインテリア。特に憧れたのが、大きなソファにずらずらーっと、すき間なく並べられたクッション。す……素敵。すぐにまねしてクッションを5個、悩みに悩んで選んだカバーを5枚、購入。そして、わが家のソファに、念願の、ずらずらー。邪魔でした。

ほしくてたまらなかったものを、「いらない」と思う日

写真で見たお宅とは、部屋の広さもソファの大きさもまったく違う。なのに、そのままで、まねようとする愚行。「多すぎた」という失敗に気づき、減らそうとするも、今度は「どれを残すか？」で、再び頭を悩ませることに。

最初は3つが。やがて、2つに。そして、ようやく、現在の「クッション1個生活」が定着しました。きっと最初から1個で足りていたのです。

ものない空間に、がらーんとした景色に、目や脳が慣れてくるに従って、壁に掛けられていたタイポグラフィの額も……これって、いるか？って。あっさりすぎるほどあっさりと、「もういらない」と思いました。ほしくて飾りたくて、必死になって買い漁ったものであっても。こうして、「いらなくなる日」が来るのだということを、思い知った。「無常」を知ったのでした。

アンティークライトがアクセントの
リビングは、掃除も楽々。
ものの少ない部屋は、散らかりようが
ありません。

19

がらーんとした部屋。殺風景な壁に、小さなアクセント

賃貸住宅特有の、小さな玄関。かつては、その狭さや収納スペースの少なさを恨めしく思うばかりでしたが、このミニマルな雰囲気が、今はとても好きです。

壁にはA4サイズの小さな額を、ひとつ飾っています。額の中身の「H」のタイポグラフィ。実はこれ、ピロケースのパッケージ、です。

ただの包装材だし、中身をとり出したら「ごみ」だし。いつものわたしなら、ためらいなく「捨て」の対象なのだけれど。大好きなインテリアブランドの、大好きなデザイナーさんの「H」だと思うと……なかなかこれを捨てることができなくて。ミニマリストにあるまじき行為ですよね(笑)。誰に叱られるわけでもないのですが、しばらくの間、隠すようにしてもっていました。隠しているから苦しいのかもと、ある

日思い立ち、がら〜んな玄関にぽつんと飾ってみたら、なんだかとてもいい感じ。ものを大量に手放した直後は、何かを飾って楽しむことを完全に放棄してしまった時期もありましたが、玄関の「H」は、それを思い出させてくれるきっかけとなりました。

すっきり片づいた玄関だから、壁の額が生きる

玄関に置いてあるものは、あともうひとつだけ。ふたつきの白いバケツです。防水スプレー、アームカバー、シューズケアセット、虫よけスプレーなど、玄関にあると便利だけれど、見えるところに出しておきたくない雑多なものを収納するのに、とても便利。強度が優れているため、靴を履くときの椅子にもなる、頼もしいバケツです。

以前はね、このスペースは、雑貨だらけでした。せまい廊下にシューズラックを3つも4つも設置して、掃除をしにくくして、靴をホコリにまみれさせて、嬉々としていたのです。靴の数を減らそう、などという発想は、微塵もなかった。靴が増えたならシューズラックを無限に積み重ねていけばいい！と本気で思ってた。このがら〜ん

玄関にも、そんな頃があったなんて、信じられる（笑）？　今は。狭い玄関のこの小さなシューズボックスに、夫婦2人分のすべての靴が「余白たっぷり」で収まっています。好みや価値観、美意識の種類は実にさまざまですが、がらーんとした、この「美」を知ってしまったら……、以前のような玄関には、もう戻れないです。

ダイニングの壁には、手作りの棚を

ものをたくさん手放した後って、一時「もの」が怖くなる。でもそれは「もの」が怖いんじゃなくて。ものは決して悪者ではなくて。ものが再び増えてしまうことが、「元の自分に戻ってしまうこと」が、ただ怖かったのだと思います。

そんな頑なさがようやく緩んだ頃です。殺風景すぎるキッチンの壁に小さなディスプレイ棚をこしらえたのは。この小さな棚は、お気に入りの「ＥＡＴ」のカップの定位置。いつもはユーカリを、お正月には赤い実の千両を、梅雨時には小さな紫陽花などをあしらい、季節のディスプレイをミニマルに楽しんでいます。

サンダルは、玄関履き用。すっきりさせておきたいから、
普段はシューズボックスに収納しています。

20

自宅のミニマル化は小さな引き出しから始まりました

ミニマルな暮らしを目指し、大量のものを捨て、一気に「なんにもない系」の家と化したわが家ですが、最初のとっかかりは、キッチンの小さな引き出しでした。料理が好きなわたしにとっては、「1日の間にいちばん多く開け閉めする引き出し」とも言えるところ。もともとは、ものだらけで、汚くて乱雑で、ちょっと恥ずかしいレベルの状態。よく使う場所なのに、いや、よく使うせいで？　長年ちっとも片づかない「鬼門」だったのです。

すっきり暮らすことを決めたとき、わたしが最初に手をつけたのは、リビングやクローゼットなどの大きなスペースではなく、実は「キッチンの引き出し」。集中して本気でとり組めば、10分もかからずに整えることができる小さなところです。

よく使う調味料に、ラップやアルミ箔、キッチンスケールや小さな調理器具……。引き出しに納めるアイテムの色は、大好きな白、黒、透明、ステンレスカラーで統一。美しく整えられた引き出しは、開けるたび、喜びでした。快感でした。ものが少ないこと、そして整うことの心地よさに、わたしは覚醒したのです。

1カ所きれいになると、ほかもきれいにしたくなる

家の中をすっきりきれいに片づけたい！と常々思っていても、あまりにものが多すぎますと、どこから手をつければよいかわからない。また、「家じゅうを片づける」ということが壮大すぎて、初めから腰が引けてしまったり……初めの一歩を踏み出す前に混乱し、気持ちが折れてしまう人は、きっと少なくない。

そんなときこそ。ぜひ、まずは「小さな引き出し」を片づけてみてください。

よく使うキッチンの、あるいは文房具の引き出しでもいい。「きれい」の連鎖って、とても小さなことから始まる場合が多いんです。

たくさん抱えた安心は、不便さや暮らしにくさと紙一重

左の引き出しの写真をご覧になって、ものの少なさに、驚きますか？　でもね、たとえばこういった引き出しをいっぱいに埋め尽くしている人であっても、実際に本当に毎日使っているものって、意外と少ないものなのです。

この引き出し、こう見えて、およそ必要なもの、普通の1日の中で使いそうな文房具、ひととおりちゃんと揃っていることに気づきませんか？

筆記用具を収めたペンケース、ハサミ、電卓、セロハンテープ。リーディンググラスや荷づくりのビニール紐、ガムテープだって、ほら。文房具でも、その他のものでも、たくさん抱え込んでいる人って、それら全部が必要だと頑なに思い込んでいるだけで、実はほんの限られたものしか使っていないってこと、よくあります。

ひとりの人間が24時間の間に実際手にして使えるものの数って、そんなにない。ミニマリストなわたしとまったくそうでない人とであっても、きっとそんなにかわらない。

ちょっとした事務仕事や計算、宅配の荷づくりなどもこの引き出しだけでOK。
何かを探し、家じゅう歩き回るようなこともありません。

21

ミニマリストのわたしが「捨てなくてよかった」と思っているもの

2016年の秋、ある「大物」を捨てたい衝動にかられました。

「食器棚を、捨てたい！」

その頃「捨て」が一段落していた、わたしの家には、もう、わかりやすい不要物はありませんでした。ミニマリストとして、なんだか不甲斐ないような手もちぶさた感を覚えていたときに思いついた「大物捨て」。久々の標的に、メラメラと燃え上がるわたし。

「いつか、食器棚を捨ててみせる」。

捨てるのがどうしても無理なら、せめて半分ぐらいにダウンサイジングしたい。

「食器棚VS.わたし」。の闘いの火蓋は、切って落とされたのでした。

大きな食器棚を、ひとりで分解＆塗装

闘いの結果は「引き分け」でした。背の高い食器棚の、わたしは「上半分だけ」を捨てたのです。

下半分だけになった食器棚は、ちょうどキッチンカウンターのサイズ。背板にも塗装を施し、古びた全体のペンキも塗りなおし、不要になった上半分は分解して処分。

食器棚を生まれかわらせた。たったひとりで。自力で。

まっ白になった「下半分の食器棚」は、大きなままだったときとは、もはや完全なる別物。あるときは調理の補助台として、またあるときにはお茶の支度のスペースに。また別のあるときにはちょっとPCを開いたりメモをとったり。

あんなにメラメラと、捨てる気満々だった食器棚（の下半分）は、わたしの家事動線において、今やなくてはならないものとなりました。

「捨てる」「捨てない」の正解はひとつだけではない

たくさんのものを捨てていると。時々こういうことが起こります。「ああ、やっぱり捨てなくてよかった！」というやつです。ものを捨てるのが苦手な方というのは、その「万が一」を恐れるあまり、もちものを手放せないのでしょう。その見極めって、何年経っても、難しい。

もしも、この食器棚を完全に手放していたら、どうだったのだろう。わたしとても悔やんだのだろうか。いいえ、きっと意外とそんなことはないのだと思います。人って、自分の選んだことを「正しい」と思い込めるところがあるから。もっていればもっていたで、今はこうして、我がＤＩＹスキルを自画自賛しながら、すこぶる満足して使ってる。あのとき捨ててしまわなくてよかった、って今は、そう思ってる。なんでも捨てたい「捨て鬼」のわたしがそんなこと言うなんて……ちょっとおかしいですか（笑）？

食器棚を小さくして配置を
かえたことで、長年、
見なれたキッチンが
すっかり生まれかわった
ように感じられました。

22

ミニマル化にいちばん苦労したのはシンク下の収納

ブログ「h＋and」を始めてからというもの、わたしは家じゅうの真実を、わりと包み隠さず（笑）公開してきました。リビングやダイニングはもちろん、洗面所やトイレ、押し入れの中であっても。そんな中、最後まで封印していたのが……キッチンの「シンク下」でした。

観音扉にかくされたその中は、ものが多く雑然としていて、公開するのがとっても恥ずかしかった。当時は、鍋が大小各ひとつ、フライパンがふたつ、圧力鍋がひとつ、鍋料理用の金属鍋ひとつ、フライパンのふたがひとつ。そうそう、オイルポットもあったっけ。

あるときついに一念発起。ブログの読者さまに約束して宣言し、ついにこの「すずひ家の秘境・シンク下」と、わたしは向き合うことに。

しかし、期限を決めて宣言することの効果って、すごいですね。ずっと先送りにして見て見ぬふりをし続けてきた「捨て」が、実にサクサク進む！　長らくためらっていた「圧力鍋」「オイルポット」の手放しに成功できたのも……ほんと、宣言のおかげ。

調理家電も「収納」している、その理由

賃貸住宅の、小さな小さなキッチンです。収納の工夫はさぞかし大変なことだろう、と思われますか？　否、です。ものさえ少なければ……キッチン収納って、実はたいして難しくない。ものが少なければ　家電だって、すべて格納可能。キッチン家電って、24時間の中で、使っていない時間のほうが圧倒的に長いのです。だからわたしは、家電もその都度片づけます。面倒くさくないの？と聞かれることもありますが、油煙やホコリからも守られて、汚れにくい。結果的にケアも管理も掃除も、とても「楽」なのです。

ツール類はつるして収納。ファイルボックスを使って雑多なものをすっきりと。
見せたくなるようなシンク下をずっとキープできています。

待機電力ゼロ!　これぞミニマル。
家電のベタベタ汚れとも、今やすっかり無縁です。

23

洗面所&洗濯機まわりには、気持ちのよい統一感を

わが家における洗面所・ランドリースペースのテーマは、清潔感と、統一感。

築20年越えの賃貸住宅の水まわりです。古いからこそ、少しでも明るく、清潔に、気持ちよく過ごしたい。すっきりと厳選された「白」「黒」「透明」の眺めは、ずっと見ていたくなるようなミニマル感。

朝の身支度時の気分やお洗濯への意欲も上がる気がする……狭さも古さも超越した、わたしの大好きなスペースです。

洗剤はシンプルなボトルにつめかえて

「面倒くさい」とか「いやだ」とかを理由にして、逃げたり、避けたりばかりしていると、どこへもたどりつくことのできない人生になるよ。そう、わたしに教えてくれた人がいる。

面倒くさいかどうか、と言えばたしかにそうです。面倒くさいことなのかもしれません。それでも、やはり、わたしは洗剤ボトルの「つめかえ」をします。まっ白な統一感が何より好きだから。

その手間は決して「ミニマル」とは言えなかったり、端からみたら余計なこと、こだわりすぎなところもあるのかも知れないけれど……つめかえたあとの「景色」は、やはり無条件に美しく、嬉しい。

ドラッグストアの洗剤売り場の色の氾濫は、どれが何なのか、よくよく確認しないと間違えそうなにぎやかさ。

わが家の洗剤ボトルは、「1」「2」「3」のミニマル表記。シンプルすぎるほどシンプルなのに、逆に間違えようがありません。「すごくキレイ！ 入居したてなのかと思った！」と言ってもらえたときは……嬉しかったな。

視覚的に整ったまっ白な水まわりスペースは、わたしの喜びです。こだわりです。いえ、もはや信念なのかもしれません（笑）。

水まわりとストック。ミニマルなのはどっち？

ミニマルな暮らしを続けるとき。

「ものの数をミニマルにするか」「買い出しの手間をミニマルにするか」という、「数か、手間か」の究極の選択に悩まされることがあります。

これは本当に人それぞれだと思うのですが、洗面所に関しては、わたしは後者です。買い出しの手間を少なくしたい。

ですから、ミニマリストの割にストックはとても多いです。洗濯洗剤・掃除用洗剤・歯ブラシといったものは、結構なまとめ買い派、です。

ご覧のとおりのがらーんですからね。そんな大量ストックも、洗面台の下のスペースに、すっきりと「余裕」で収まっています。

「1」は洗剤、「2」は柔軟剤、「3」はおしゃれ着洗剤。
耐水性のラベルを使って、すっきり区別をしています。
ストックはすべて洗面台下の扉の中に。

24

収納スペースこそ、すっきり美しく。ミニマリストの「押し入れの美学」

デトックス。体の中にたまった老廃物や毒素を排出してもっと健康になっていこう、というような考え方。「老廃物」も「毒素」も。目には見えなくても「たまっている」と言われると……そんな気がしてきてしまうのは不思議です。

住まいも同じです。住まいの場合、ほうっておいたせいでたまってしまった「毒素」や「内臓脂肪」は、はっきりと確認することが可能です。

「見えるところだけきれいなら、いいじゃない」

「だれがいったい、他人の家の押し入れや納戸の中までのぞくっていうの？」

そう思っていた時期が、わたしにはありました。住まいの片づけに限ったことではなく、「人生そのもの」がそうだった。表向きだけとり繕い、他人の目に、そこそこ幸せそうに、うまくいっているように映っていれば、それでいいじゃない、って。

その頃の押し入れの中は、悲惨な状態でした。収納グッズをたくさん使い工夫しているつもりでしたが、とにかくものが多かった。開けるたび、いやな気持ちになりました。そこはかとない「毒素」を感じて。己を欺いているような気がして。

定期的な「全出し」でもちものを見なおす

「少ないものでの快適な暮らし」を目指すなら、押し入れや納戸の「全出し」は必須です。自分が今までどれだけの大量のものをため込んでしまったのか、ちゃんと見る。一種のショック療法。

大切なのは、まず現実を知ること。もう何年も使っていないもの、これからも使わないものを後生大事にしまい込んでいる「謎」に向き合うことです。

わたしは年に数回、押し入れの「全出し」をします。大きな収納は、住まいの、いわば「臓器」。毒素がたまるのは、多くの場合、こういった外からは見えないところ。

入っているものを全部出す。ふすまも外す。すみずみまで掃除機をかける。空っぽの押し入れって、すばらしいです。心に染む、茶室のような眺めです。出したものをひとつひとつ見なおし、必要なものだけを戻す、を、くり返すのですが、毎回、いらないものが発掘されるのは、なんとも不思議です。一度「毒出し」を経験したら……。健やかな押し入れを知ってしまったら……。中性脂肪値やガンマGTPの高い押し入れには、もう戻れません。だからあなたも、「全出し」を、ぜひ！

見えない収納には、その人の本性が表れる

リビングにある小さな納戸も同じ。家族のアルバム、お水やお茶の備蓄、掃除用具や救急セット……。必要なものは揃っていますが、がらーんと余白だらけ、です。

他人から見えないところこそ、その家庭の本当の姿。そしてそこに住まう人の「隠された本性」だ、と常々わたしは思っていて。ものを出すのに2分、元に戻すのに2分半。ものが少ない押し入れって、ちょっといいなって思えてきませんか？

すでにもちものが少なくても、定期的に「全出し」をするのは、人は「かわる」から。
もちものの見なおしに、終わりはないのです。

リビングにある細長い納戸。
お水やお茶はボトル本体に
賞味期限が書かれたものを選び、
カラフルなフィルムをはがして収納。

納戸の扉の裏側にはエプロンや床掃除用のワイパー、
からまりやすいイヤフォン、お墓参りセットなどをつるして収納しています。

25

本当に必要なものに気づけたから……「防災グッズ」を用意することができました

わが家では、「一次避難用」の防災グッズを小さなスーツケースに収納しています。ボックス型のカートに入れていた時期もあったのですが、いざというときの使い勝手を優先し、軽くて丈夫＆施錠も可能なスーツケースへと見なおしました。

カート時代にはこまごましたものもそのまま納めており、整理するにも、管理するにも、たいそう手こずったのです。ですから今は、小さなバッグやポーチなどに、使用目的ごとにアイテムを分散させ、わかりやすく収納しています。整理しやすいだけでなく、仕分け用の「袋もの」って、避難先で役立つこともあるのでは？とも考えてのこと。

わが家の一次避難用品の内訳は、ラジオやバッテリーなどの「情報グッズ」、マス

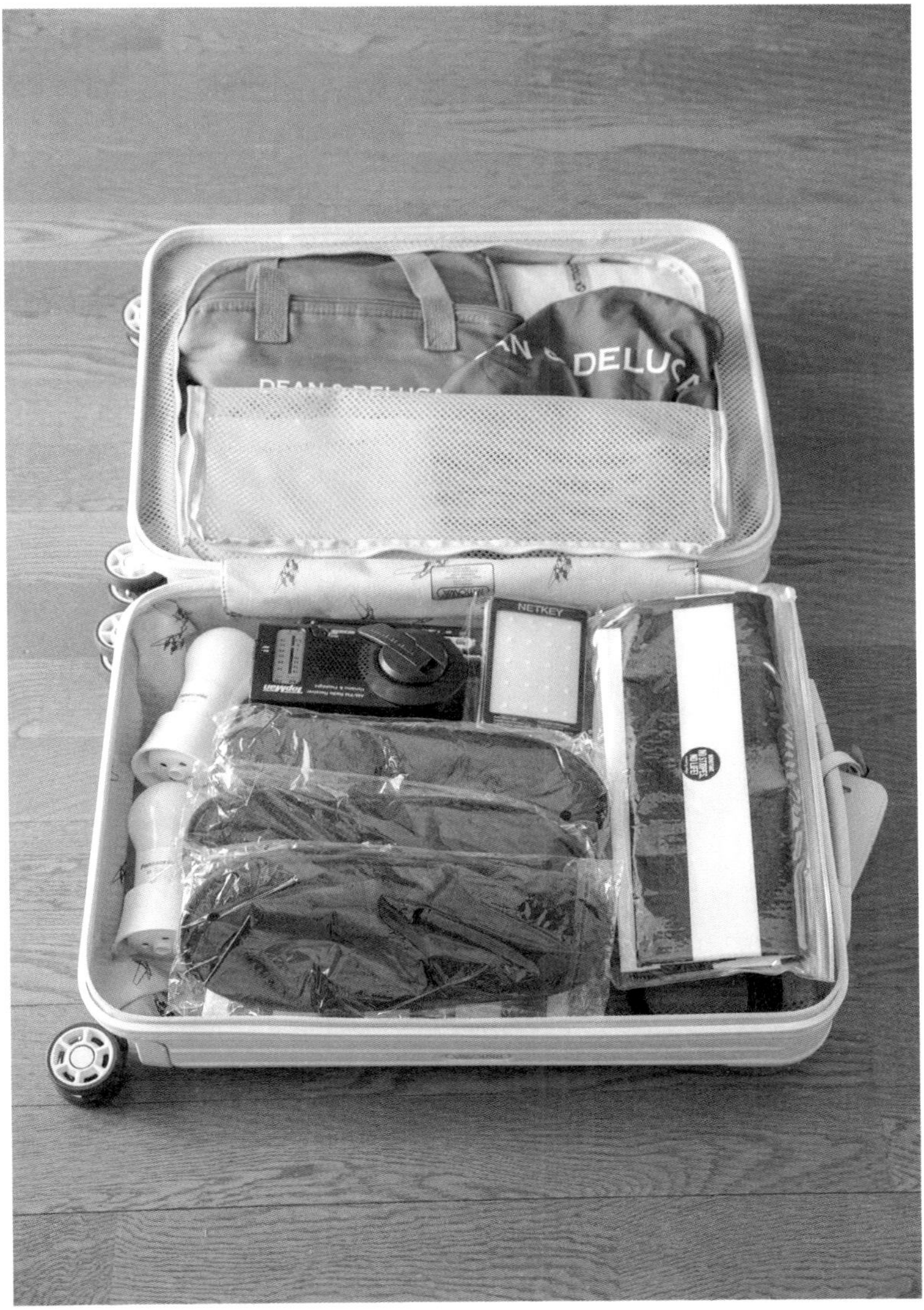

アイテムの仕分けには、保冷バッグやジッパーつきの
保存袋なども利用しています。きれいにパッキングしてあると快適!

クやティッシュなどの「衛生グッズ」、懐中電灯などの「照明グッズ」、紙皿やお箸などの「食事グッズ」、折りたたみ式の椅子やスリッパなどの「滞在グッズ」の5種類。家族全員分のヘルメットも別途備えています。飲料水やお茶、お菓子（調理が不要で高カロリー）などは、普段のストックがそのまま「二次非難用品」に。ローリングストック方式で、日常的に備えるのが、すずひ家のやり方、です。

気に入ったものを揃えれば、準備や見なおしがしやすくなる

防災用品は緊急時のためのものではありますが、それでもなるだけこだわりのアイテムを備えるようにしています。好きなものが揃っていることで、つい後回しにしがちな定期的な見なおしにも、前向きにとり組むことができるような気がするから。

災害に備えること。これは、「ものの少ない暮らし」になってから初めてできたこと。多すぎるものの管理にふり回されていた頃は、防災用品を用意する「思考」も「心の余裕」もなかったのです。いちばん大切なことが、おざなりになっていました。

ミニマルな家事が
「感謝」を連れてくる

CHAPTER

4

26

ていねいなトイレ掃除は欠かせない日課です

毎朝、家族を見送ったわたしが、間髪入れずにとり組む家事は、「掃除」です。ダイニングの椅子をすべてテーブルに上げ、掃除機がけ。そのあとは、すみずみまでモップがけ。玄関には水をまき、最後は、拭き掃除で仕上げます。

毎日の掃除の中で、わたしがもっとも大切にしているのが「トイレ掃除」。「真剣なトイレ掃除」を始めたのは、かれこれ10年ほど前。「トイレ掃除で金運が上がる！」「開運掃除法」といったような本が当時、大流行していて。わたしの動機も、だから不純で、「人生をかえたい」「運気を上げたい」正直に申し上げると、最初の頃はとにかく「金運」。「金、金、金！」の一心でした（笑）。

そんな動機だったのにもかかわらず、今日まで続いたのは奇跡。決心したあの日から、トイレ掃除を欠かしたことは、1日もない。体調不良でほかの箇所の掃除をお休みした日であっても、トイレだけは特別。休むことなく続けてきました。

毎日のトイレ掃除がかえてくれるのは「自分」

10年続けてみて、わかったこと。

トイレ掃除を毎日、きちんとすることで、「運気は上がる」ということ。少しずつ、でも確実に。そして、上がる運気は「金運」だけではないのだよ、ということ。

毎日の掃除で、何がかわるのか。家族？　運のよさ？　否、否。かわるのは、自分です。自分の心。自分がかわることで、やがて周りがゆっくりとかわりはじめるのです。トイレ掃除は「掃除」のようでいて、自分と向き合う尊い時間。

トイレ掃除がもたらしてくれたのは心の成長。お金よりも、もっと大切なもの。

自分がこうして生かされていること。周りの人に感謝すること。今、目の前で起こっていることが最良なのだ、と、ありがたくとらえること。

どれもわたしが苦手で、とてもおろそかにしていたことばかりでした。言葉ではとても説明しにくいのですが、自分の「足りていないところ」に気づくんです。そこがトイレ掃除のいちばんの魅力であり、不思議、なのです。

きれいに見えても、毎日の掃除を続けてみる

トイレ掃除にとり組んでみようかな?と思ったら、まずは3日でも……とにかく「毎日」続けて掃除をしてみてください。きれいに見えても。昨日もやったし、と思ってもです。「毎日」が大切なのです。続ければ続けるほど掃除がどんどん楽になるってことに、きっとすぐに気づけるはずだから。

毎日使うのだから、毎日掃除する。ただ純粋な気持ち。

トイレ掃除に対し、運気がどうとか、金運がどうとか、欲めいたことを考えることは、今はもう、ないです。ただ無心になってトイレを磨く、禅のような時間そのものが、わたしの毎日にとって欠かせない、大切な日課となりました。

毎日すみずみまで磨くトイレの床は、
おそらくわが家の床の中でいちばん清潔。
リビングやキッチンの床よりきれいかも。

5

27

洗濯ものを「たたむ」「しまう」を楽にしてくれる方法

ミニマリストになる前は、ベランダも、すごかった。ガーデニングブームにどっぷりはまっていたので、とにかく、すごかった。土や緑のある暮らしは楽しかったですが……台風が恐怖でした。台風が来るたび、たくさんの花やらものやらを室内にせっせと引っ込め、去ったら、また出す。次の週にもまた台風が来て、同じことをくりかえす。ものが多い、ということは一事が万事、そういうことなのです。

ベランダのものの適正量を知るのには、押し入れや納戸の「全出し」の反対で「全入れ」をというのをしてみるといいかもしれません。台風などの災害を想定した「全入れ」。災害時、速やかに、自力で無理なく室内に引っ込められるかどうか。

小さな賃貸住宅の、これまた小さなベランダは……今は「洗濯ものを干す」ことに特化したミニマル具合。タオルハンガーと丸椅子、ポリペールとサンダル。あとは物干し竿とピンチハンガー。暮らしを複雑にするようなものは、ひとつもないです。

洗って干すのは楽しいけれど……

「先濯」は、わたしにとって、とても好きな家事。洗って、干すのが好き。「洗って干す」までだけ、が、好き（笑）。洗って干すのはあんなに気持ちがいいのに、そのあとに続く「とり入れる」「たたむ」「しまう」の、あのつまらなさって、いったい。周りの友人も、みんなそう言う。嫌われているのって、たぶん、あの「山」ですね。とり入れた洗濯ものの、こんもりとした「山」。あのビジュアルに、みんな辟易しているんじゃないかな。だから。あの「山」を見なくてすむ方法をわたしは選んでいます。洗濯ものを「山」にはせず……「とり入れる」「たたむ」「しまう」を、一気にたちまち片づけてしまう方法を。

洗濯ものを「とり入れる」のをやめてみる

そもそもわたしは、洗濯ものを「とり入れる」ことをしません。すべてのものを「外で」たたみます。タオルハンガーのたいらな天面を利用して。タオルハンガーに干したクロスやバスタオルはもちろん、物干し竿やピンチハンガーに干した小物類も、とり込むそばから、しまうばかりの状態へ次々とたたんでしまうのです。

たたんだ洗濯ものを抱えたら、そのまま収納場所へ。このとき重要なのが、ベランダから「直行」する、ということ。どこかにいったん置いてはなりません。ベランダからの「帰り道」に一気に片づけてしまう、この「勢い」こそがポイントなのです。

寒い季節ですと、外でたたむのが少々つらい日もあります。が。寒くて本気で急ぐため、超・早くすむ。洗濯ものを超・高速でたたむことができる。これぞ、時短。それに外でたたむとね、花粉やホコリを室内にまき散らすこともない。床の拭き掃除をしていると、それがわかるのです。よいことだらけ、なのです。

おっくうだった「たたむ」の作業も、外だと平気。
ピンチから直接たたむと、靴下の相方も見つけやすいです。

28

さようなら。布団と格闘するわたし

わが家の押し入れが「がらーん」としているいちばんの理由は、季節外れの布団がないから（115ページ）。3年前まで、布団の保管はとても面倒な大仕事でした。まずクリーニングに出す。戻ってくれば、大きなスペースを確保して保管。湿気や防虫に気を配り、晴れた日には干しなおし……。でも、どれほど手間暇をかけたとしても、「洗い立て感」や「ふっくら感」は、いつも今ひとつ。

素敵に収納したくて、専用の圧縮袋や布団袋、ラックなどのグッズにも散々手を出しましたが、満足に収納できたことはただの一度もありませんでした。だから。「季節外れの布団を頑張って管理すること」を手放そう、と決めたのです。毎年、無理のない価格帯の布団に買いかえる新しいライフスタイル、を始めてみたのです。

秋冬用の布団は1シーズンで買いかえます

秋冬用の布団は10月末から7月初旬までの約9カ月間、しっかり使って捨てました。「ほらね、ミニマリストはそうやってなんでもすぐに捨てる」「ものへの敬意がない」そんなふうに思う方もおいでかもしれません。「布団を毎年捨てるって、どんな気持ち？」と、いぶかしげに聞かれたこともあります。

わたしにとって、1シーズン使った布団を捨てるのは、「9カ月もの間、身につけ続けた肌着を捨てる」という感覚です。ほぼ270日間、毎日8時間も着た肌着。そんな酷使する肌着って……ある？

カバー類は洗いますが、それを通り越して布団にはしみ込んでいますよね。いろいろなものが（笑）。ですから、「もったいない」という感情はありません。使いつくした、という清々しい気持ちのみ。使いつくして捨て、秋になれば、また新しい布団を買うのです。

買いかえで出費も手間も少なくなる

ひと組数十万円もする高級布団を使っているとすれば、わたしも買いかえをためらったかもしれない。でも、わたしの掛け布団の価格は6000円ちょっと。服におきかえてみてください。秋・冬・春と、毎日着た6000円の服を手放す、と考えたら……？　布団の使用頻度は、服の比ではありません。十分に元はとれていると思うのです。

それに、布団の管理って、それ相応の費用がかかります。クリーニング代、防虫剤、収納アイテムなど……。それらにかかる労力をお金に換算して合算したとすれば、手ごろな価格の布団を毎年買いなおすのと、たいしてかわらないことに、気づいた。

布団の管理は「格闘」でした。どこか意地になって。もはや主婦の威厳にかけて。頑張って格闘しても、スマートに買いなおしても、コストはそれほどかわらないという大発見。不毛な格闘を手放しました。心が軽くなりました。

朝晩、涼しくなってきたら、冬の新しい布団を出します。
新品の「ふかふか」にもぐり込む瞬間って……この上なき至福!

29

晩ごはんの献立を一生考えなくてよい方法

いちばん好きな家事は?と聞かれたら、わたしは「料理」と答えます。つくるのが好きなのです。その一方で、毎日の献立を考えることは、どちらかというと嫌いでした。面倒くさくて(笑)。

そこで構築したのが、わが「5週ローテーション献立システム」。5週間・35食分の献立をくり返してゆく方法。やってみますと、これがすこぶる調子がいい。献立が決まっているというだけで、夕方のメンタルがものすごく楽!

毎日の献立が5週先まで決まっていて、それをくり返す。つまりはもう一生考えなくてもよい。それに基づいた「週に一度のまとめ買い」の買い出しがなされているため、食材が足らないこともない。

そしてもちろん、買った食材を余らせる心配もない画期的システム。食材を傷ませて廃棄に至ったことは、このシステムにしてから、ただの一度もありません。

献立が決まっている安心。食材が揃っている安心。外食の回数も激減。

一円も使わない日が、たくさん増えました。

朝食やお弁当用の食材も、一緒に下準備

夕食の準備をするときは、朝食やお弁当の分も一緒に下準備をし、小分けして保存しておくと便利です。多少、手間であっても、朝にゼロから同じものを準備することを思えば100倍、楽だから。

ただし、わが家の場合、「つくりおき」はダメです。なぜか。「そのまま食べられる状態のもの」を冷蔵庫に入れておくと、旦那さんが食べちゃうから（笑）。だから肉は「生」で、いも類は固いままで保存。まったく油断ならないのです。

5週ローテーション献立表

A週から順にE週まで。
そしてA週に戻ります。
4週間分ではなく5週間分なのがポイント。
毎月、1週間分ずつずれていくので、
「月の初めはいつもこれ……」のような
ワンパターン感を防げます。

A週・土曜日の「なすとひき肉と豆のカレー」。
家族にはC週、E週のカレーのほうが好評ですが、
わたしはこの豆のカレーがいちばん好き（笑）。

A週

MON.	すき焼き、オクラの天ぷら、刺身
TUE.	チキンのグリルパセリソース、ラタトゥイユ、たこor いかのマリネ
WED.	あじフライ、筑前煮、小鍋の湯豆腐
THU.	回鍋肉（青椒肉絲と交互）、冷奴、海藻と長いものサラダ
FRI.	しょうが焼き定食
SAT.	なすとひき肉と豆のカレー、シーザーサラダ
SUN.	フライ盛り　タルタルソース添え定食

B週

MON.	ビーフシチュー（クリームシチューと交互）、白身魚のフリット、アボカドサラダ
TUE.	キャベツ入りメンチカツ、いかと長いもの煮もの、ツナと玉ねぎの和え物
WED.	しゃぶしゃぶ（ホルモン鍋と交互）、かつおのたたき
THU.	若鶏のから揚げ、タッカルビ風肉じゃが、ナムルの盛り合わせ
FRI.	焼き魚と豚汁の定食、だし巻き卵
SAT.	ささみおろしカツ定食
SUN.	ちらし寿司、小盛りの天ぷら盛り合わせ

※おかず3品の日は晩酌の日。よく呑む主婦なので（笑）。

C週

MON.	おでん、刺身
TUE.	ヒレカツ、彩り野菜の煮びたし、あじの干もの
WED.	手羽先、キムチ鍋、きゅうりとわかめの酢のもの
THU.	ローストビーフ(サーロインステーキと交互)、 ポテトサラダ、ホワイトアスパラのマリネ
FRI.	サーモンムニエル定食、五目炊き込みごはん
SAT.	鶏もも肉のソテー　ねぎおろしタレ定食
SUN.	ビーフカレー(本格チキンカレーと交互)、ジャーマンポテト

D週

MON.	豚肉の天ぷら、帆立&アスパラガスの塩焼き、あじの刺身
TUE.	焼き肉 サンチュ添え、鶏むね肉の中華サラダ、冷奴
WED.	カレー鍋(〆はリゾット)、あぶりしめさば
THU.	五目春巻き、麻婆豆腐、ししゃも
FRI.	ハンバーグ定食
SAT.	サーモングリルのきのこクリームソース &ミネストローネの洋風定食
SUN.	チキン南蛮&ひじきの煮もの定食

E週

MON.	自家製チャーシュー、白菜と豚バラ肉の重ね鍋、枝豆
TUE.	天ぷらの盛り合わせ、ぶりの照り焼き、 きゅうりとみょうがとじゃこの酢のもの
WED.	焼きぎょうざ、大根と手羽元の煮もの、小松菜のおひたし
THU.	なすのミートグラタン(トマトクリームグラタンと交互)、 マカロニサラダ、いわしのオリーブオイル煮
FRI.	コロッケ定食
SAT.	まぐろ丼(うに丼orうな丼と交互)、 あさり汁、切り干し大根の煮もの、だし巻き卵
SUN.	牛しゃぶカレー、ツナと大根とれんこんのサラダ

C週・木曜日のローストビーフは、
朝食用に数切れとり分けてから食卓へ。
翌朝はサンドイッチにアレンジします。

ローストビーフは、サラダにも。
「焼カレー」は、カレー翌日のランチのお楽しみ。

30

もっている食器の数はひとりあたり13点

真のミニマリストなら、食器はひとりひとつ！ということも可能なのかもしれませんが……。

現在、わが家の食器は、ひとり13点です。

以前は数えきれないほどの食器数でしたが、暮らしがミニマルになるにつれて、徐々にこの数に。

ひとり13点が、すずひ家の適正数。

余らない。足りなくない。ちょうどいい。食器ですから、うっかり割ってしまうこともありますが、もう長いこと、この数で落ち着いています。

たくさんもっている頃は、補充の精神がすごくて、割れたら即買いなおしていました。少なくなってからのほうが、割れても買いなおさずに、なぜかしばらく頑張れる。ものを減らすよい機会だととらえる（笑）。

それでも、どうしても不自由なときこそが、「本物の需要」。

安易な補充に走ることなく、立ち止まって様子を見ることは大切なことです。

半永久的に使えるカトラリーは、満足のいくものを

13点の食器に加え、カトラリーはひとりあたり5本です（5本の内訳：ディナー用とデザート用のフォーク&スプーン各1、ティースプーン）。ステーキなどのお肉は切り分けてから盛りつけますから、ディナーナイフはわが家には不要です。小さなサイズのフォークも特に必要を感じません。

こまめな買いかえが求められるお箸とは異なり、半永久的に使えるのがカトラリー。お気に入りの作家さんのシリーズなどを思いきって揃えるのも素敵ですね。

一時的に「雑貨」扱いになったことのある、左上のカップ。
後日、買い足すことができたので、めでたく「食器」に返り咲き。

31

3人分の食器しかないわが家でのお茶会＆食事会

家族3人分ぴったりの食器しかないわが家ですのに、8人でお茶を飲む機会がありました。とても焦りました。

どうしよう。ウチ、なんでも3個ずつしかないのに。カップを買ってこないと足りないかも！

けれど、大丈夫でした。カップを買わなくても平気だったのです。なぜか。それは、8人中2人が冷たい飲みものを希望してくれたから。温かい飲みもの6人分のカップならある。冷たい飲みものは、グラスで。ね、足りた。

コーヒースプーンの不足分は「ウッドマドラー」で補う。専用のスプーンの添えられたスイーツを選ぶ。気のおけない仲間なら手軽なクッキーでもてなすのもいい。

めったに起こらないお茶会のために、何から何まで買い揃える必要は……ないと思う。今は心からそう思うのです。

以前なら、こんなとき、迷わず買い足しました。慌てて買って、「万全の準備」という名の「散財」をして。その場限りに必要なものを、あたりまえのように、すぐに買った。食器棚の中があふれかえろうとも。その都度たいへんな出費がかさんだとしても。

食事会はビュッフェスタイル＆分散着席方式で

大人数で食事をする場合も同様です。3人以上が集まるのなら大皿での取り分けスタイルや、ビュッフェスタイルでもてなせばいい。

椅子が足らないのなら、テーブル席とソファ席とに分散すればいい。会議じゃないのですから、何がなんでも同じひとつのテーブルを全員が囲む必要なんてないのです。好きなように着席していただくことで解決します。

服も食器も、なければないで大丈夫

こうしたお茶会などが、間に合わせの雰囲気の、さびしい時間になってしまうのか、といえば、そんなことは決してないです。無理のない、自然体のもてなしを、いつもとても喜んでもらえます。

みんなで雰囲気を共有しながら、ミニマルにお茶を楽しむ。

服も食器も、そして椅子だって、なければないで、少なければ少ないで……普通にやれるものなんだな。

引き出物のような人数分びしっと揃ったカップ＆ソーサーは、逆にもういらないです。用途の限られすぎた食器って、ものすごく使いにくいですから（笑）。

みんなおそろいのカップや器で……。
そんな思い込みをなくしてひと工夫すれば、
すてきなおもてなしが可能です。

メイク用品は工具箱へ。用途の限られないケースは便利。
旅行に行くときもこのままスーツケースへ。上からものを詰め込んでも中の化粧品は無事!

ほしいものを買って
お金が貯まる
ミニマルな暮らし

CHAPTER

5

32

簡単&確実にお金を貯める方法。それは、服を買わないこと

新しい服を1着も買わずに1年を乗りきったときは……感動しました。ミニマリストになる前は、年がら年中休むことなく服を買い続けていたわたしにとって、それは人生・初の快挙。にわかには信じがたいことでしたから。

「服を1年間買わない記録」を、もしもわたしが達成することができたなら、それこそくす玉を割って祝杯を挙げたいような気分になるのかな？ なんて想像していましたが……その瞬間を迎えたときの、わたしの心ときたら、驚くほど静かなものでした。「記録」にこだわって変に緊張していたのは、開始から6〜7カ月目くらいまで。そこを超えたら、「買わない記録更新中」ということ自体を忘れてしまっていました。服を買っていない、ということを特別に意識しなくなったのです。

「無関心」というのは、とても強い心の状態だと思います。なぜなら人は、関心のないことを心配したり不安に思ったりすることはないから。

服を買うことに無関心になれたということは、わたしにとっての快挙。1年間、新しい服をほしくならなかった。それはつまり、今のままで「足りている」と感じることができたという証拠。何より嬉しい証拠でした。

「お金を貯めなきゃ」は大きなストレスだった

ミニマリストを目指す前のわたしの頭の中は、いつも買いもののことでいっぱいで。「ほしいもの」の存在が、心を落ち着かせているようなところがあったのです。わたしには次の目標がある、みたいな。それを手に入れたなら、また新たに急いで次の「ほしいもの」を探すことのくりかえし。今、思うと、謎の心理。

あれは、あの焦燥の正体は、いったいなんだったのでしょうね。

「ほしいものを探す」って、変な話です。ほしいものって、わざわざ探すものじゃない。本来、自然にふっと心に浮かんでくるもののはずなのに。

わたしはいつも、ほしいものを探していた。オンラインストアで、雑誌で、SNSで。そのくせいつまでたっても買いものがやめられないことが、とても大きなストレスでした。

新しい服を買わなきゃ。失敗のない買いものをしなきゃ。今年のマストバイアイテムを雑誌でチェックしなきゃ。クリーニングにも出さなきゃ。

しなきゃ、しなきゃ、しなきゃのエンドレス。

そんな「しなきゃ」の、もっとも深刻で恐ろしいラスボス。それは……「お金貯めなきゃ」。

満足できないものを買うのをやめてみる

服や靴やバッグを買うためには、当然のことながらお金がかかります。お金のことと服のことは、常にセット。そのことが……、ずっと苦しかった。365日、寝ても覚めても頭から離れなかったのです。お金を貯めたかった。

そんなわたしがたどりついた、簡単・確実で、しかもノーリスクな貯蓄法、というのがあるのですが、聞いて下さいますか？

それは……ずばり「ものや服を買わない」こと。シンプル（笑）！

原始的とも言えるぐらいの方法ですが、効果は絶大です。使わなければ貯まるのは至極当然のことなのですが、即効性がすごい。

たとえば。5万円のものを買いたいのに節約して3万円の妥協品を買う。そんなふうに2万円を浮かすくらいなら、なんにも買わないほうがいいのです。

3万円丸々手元に残すべきなのです。妥協品をいくつも買う予算は、本当にほしいもの1個買う予算を簡単に超えてしまう。まったく満足できないままに。

それを、やめる。そういう買い方（散財）をやめる。

ただ、それだけで。

わたしのお金は、無理なく自然に貯まりはじめました。

33

間違った買いものから始まる世にも恐ろしき散財の連鎖

「散財の連鎖」って経験されたこと、ありますか？うっかり買ってしまった「違和感アイテム」を発端とする、世にも恐ろしき散財のループ。

「私もそれやりがち！　わかる！」という、身に覚えのある方も、もしかするといらっしゃるかもしれません。

買いものの失敗を認めたくない！という意地

人間には、「なるべく今もっていないようなものがほしい」という本能がある気がします。新しいもの・未知なるものに価値を見出し、そちらのほうに、より興味を抱くのです。だから新しい靴を買うときなんかにも、つい「目新しい色」を選びたくなる。

「同じお金を払うなら、似たようなものは買わないほうがお得だ」と思うからなんでしょう。わたしの脳にとっては、手元のワードローブの傾向なんかよりも、「目新しいものこそ善！」なのです。

で、たとえば目新しいベージュのパンプスを買ってしまったとします。もちろん、手に入れたときは超嬉しい。「買った！」という実感もあるし。この靴があれば今年っぽい、おしゃれな自分になれるぞ、って。ところが。靴だけ新しい色を投入したところでうまくいかない、ということに、悲しいほどすぐに気づきます。黒、白、グレー、紺のワードローブに単品投入したところで、しっくり合うわけがない。

しかしわたしにも「意地」がある。自分の買いものが失敗だったとは思いたくない「意地」。買ったことが間違いだった、だなんて、そう簡単に認めたくないわけです。するど、どうなるか。「ベージュのパンプスに合うベージュのニットを買わなければ！」という「愚案」を思いつくのです。さあ、恐ろしい連鎖の始まりです。

「むだにしないため」のむだづかいが始まる

2万円のベージュのパンプスをむだにしないために、2万5000円のベージュのニットを買う。ニットとパンプスを合わせてみると、あれ、まだ何か足りない。PCを開き、ベージュの似合うおしゃれさんのコーディネートを探る。チェックする。ああ、そうか。ゴールド系のアクセサリー。キャメル色のバッグ。あとは、ニットと同系色のストール。それらを買い足せば、ベージュのパンプスをついに生かしきることができる！　さあ散財。アクセサリーに1万2000円、バッグはちゃんとしたものがほしくなって5万円。ストールはちょっと妥協して1万円。しめて、11万7000円。

そこまできてようやく気づくのです。「わたしには、ベージュが似合わない……」。

「なんか違う」と思ったら、潔く失敗を認め、できるだけ早く「異物」を手放すこと。それができない限り、「散財の連鎖」は断ち切れない。ああ恐ろしきことよ。

ショートブーツがほしくなったとき、
黒いパンプス+ソックスのコーデを発見。
散財の芽をつむことができてよかった（笑）。

34

手放すときこそ、美しく。「リサイクル」について思うこと

ものを限界まで、こてんぱんに使い倒す。わたしはミニマリストですが、今までそれをしたことが、ほとんどありません。ひと口に「ものを大切にする」と言っても、そこには人それぞれ様々な考え方やポリシーがあって、わたしの場合、自分の中での「完結」と、ものとしての「完結」は、必ずしも一致しない傾向にあります。

わたしは手放す。けれど、それを求め、これからも使ってくれる人がいるうちに、手放す。「ものへの敬意」が、わたしの場合そこにある。だれからも見向きもされなくなるところまで使い果たすことを、できれば避けたい。特に「服」は。

さんざん服を買い散らかして、手放してきたわたしが言えた義理ではないのですが、わたしは、買った服を「大切」にします。過去にほとんど着ないまま手放すことにな

った服も、いつも清潔に、大切に保管していた。買った服をむだにしたことにかわりないとは言え、どちらかと言えばわたしは、「大切にしすぎて着られなかった」のです。

だからでしょうか。手放すときも、次のもち主が気持ちよく使えるように、できるだけよい状態で、ものとしての「価値」と「需要」のあるうちに手放したい。そう思うのです。

手放す服は、ていねいにケアしてリサイクルへ

わたしは「捨て鬼レベル」のミニマリストですが（笑）、普通の人は捨ててしまうであろう「あるもの」を捨てていません。それは、洋服のタグです。

服をじゃんじゃん買っていた頃はすぐに捨てていましたが、厳選した少ない服での生活を始めた頃から、逆にこれらを大切に保管しておくように。なぜか。

そう。服を手放すときのため、です。捨てるときのために、捨てないのです。

服を手放すとき、わたしは主に、宅配の買い取りサービスを利用しています。きれ

いにケアし、ていねいにたたみ、タグを添える。梱包にはいつも心を込めて臨みます。よほどの高級ブランドでない限り、タグの有無で査定額に違いなどないことはわかっていますが、わたしはこうしたい。ていねいに、美しく送り出すことが、わたしにとっての「敬意」。「服との決別の儀式」みたいになっているのです。

大切なものは、価値のある状態で送り出したい

少ないもので暮らすようになってからはなおのこと、服も、バッグも、靴も、「いつか手放す前提」「期間限定」でもっているような気持ちが、わたしの中には常にあります。けれど、それでいい、と思っています。

好きなものの価値を失わないよう、大切に使う。自分の中で完結したら、こうして送り出す。この習慣のおかげで、前よりももっと、自分のもちものを大切に、ていねいに扱うよう、心がけられるようになりました。所作が美しくなった。

一生ものの服などありえない。どの服も、いつかきっと手放すときが来るのだから。

洋服のタグは、捨てずに保管するのがわたしの習慣。
買い取りサービスに出す際、送り出す服に感謝を込めて添えるようにしています。

35

靴とバッグの総額を計算してみて発見したこと

今、履いているスニーカーを買うときは、少々震えました。いろいろな震えです。高いなー、という震え。ずっとほしかったよー、という震え。そして、わたしなどがこんな高価なスニーカーを履いてもよろしいのだろうか、という震え。最後の震えは、ちょっと悲しいね（笑）。

少々お高いものを買おうとするとき、わたしはいつも、たいていその気持ちと格闘することになります。これはたぶん、一生なおらない。

ミニマリストになる前は、自分が5万円以上もするようなスニーカーを買うなんて、想像できなかった。ものの値段に対する限界設定というのが、どなたにもあると思いますが、わたしにとってスニーカーに支払える金額のそれは、およそ「2万円」でした。

ひとつひとつは高くても、もちものの総額は？

でも、新しいスニーカーがいくらお高かった、と言っても。

履きもしない靴を毎シーズン買いまくり、大量にもっていた頃の、その頃の総額と比べたら。たしかに、1足ごとの値段は、今もっている靴より安かったです。特に多かったのは、1万円前後のものでした。それより高い靴は、恐ろしくて、なかなか買えなかったから。

たいして履きもしない30足余りの靴に、おそらく軽く30万円相当は費やしていたことになります。毎年毎年の累積で考えたならはるかにそれ以上。履かない靴を買い続け、散財を積み重ねた過去。バッグの散財分にいたっては計算するのも恐ろしい。

今、所有している靴の「総額」を計算してみました。5足合わせて、約13万円。

ついでに、バッグの総額は、ふたつ合わせて、約20万円。

この金額を、高いと見るか。それとも安いと見るか……。

よいものを買っているのに、お金が貯まる！

「靴の総額」そして「バッグの総額」。

決して安いとは思いませんが、それでも「妥当」であると、わたしは思っています。愛着度。思い入れ度。お気に入り度。わたしの年齢。そして何より、「使用頻度」。すべて考え合わせたとき、とてもふさわしい、と思えるのです。

ここ最近のわたしは、これまでの人生の中でもっとも「贅沢」なものの買い方、思い切った「支払い方」をしていると思っていました。けれど、この計算をしてみたら……安いものをたくさん買っていた頃より、今のほうがはるかにずっと出費が抑えられている。わたしを震撼させた、この事実。以前よりも、ずっと高価なものを買っているのに、お金が貯まっている。節約などしていないのに、満足しながら無理なく貯まる。散財が減った、というだけで。これは、ものが少ない暮らしを始める前には、まったく想像できなかった嬉しい変化のひとつです。

いちばんほしいものを買う。本当の満足を知る。
こんな経験から「浪費癖」がおさまっていったような気がします。

36

限られたお金だからこそ本当にほしいものを買う

あり余るほどのお金があれば。ほしいものをなんでも買えたら、どんなに幸せだろう。以前はそう思っていました。高価なものを買うのは、経済的に相当な余裕のある人にしか無理。そんな根深い思い込みがあったのです。けれど、本当にそうなのかな。限られたお金でも、ほしいものはちゃんと買えるんじゃないかな。限られているからこそ、むしろ、本当にほしいものを買うべきなんじゃないかな。

手元に、自由に使える15万円があったとして……そのお金でたとえば13万円のバッグを買うなんて、以前は考えられませんでした。もったいない！　ひとつ買っただけで、お金がほぼなくなっちゃうじゃん！って（笑）。

一方で、3万円のバッグなら気安く買えるのです。手元に12万円も残りますから。

それに加えて、2万円のスカート、3万5000円の靴、ちょっと豪華に5000円のランチ、そして3万円のニットなら、余裕で買える。

でも、あれ？　気がつくとお財布には3万円しか残っていない。わたし、いったい何に12万円も使ったんだろう？　覚えていないのです。こういう買い方をしている限り、大金を使った実感や、「ほしかったものを手に入れた！」という満足感は、少しも得られません。お心当たりは……ありませんか？

本当にほしいものを手に入れると、自然に物欲が消える

満足しながらお金を貯める秘訣は、とてもシンプルです。

いちばんほしいもの「だけ」を買う。ただ、それだけ。

お気軽な散財を無自覚なまま気安く重ねてしまわないこと。本当にほしかったものをちゃんと買って、ちゃんと喜んで……大切に使う。この幸せをひとたび知れば、2番め、3番めにほしかったもののことなど、いつのまにか、忘れてしまいます。

これがあればいい。もうほかのものはいらない。そう思えることが大切。すると、不思議なくらい「次なる物欲」はわき起こらなくなる。入ってきたお金はまずは「貯金」。またいつか、本当にほしいものを買うときのために、ちゃんと貯めておこう。そういう自分になれるのです。

ほしいものだけを買えばお金が貯まる！

くり返しの話になりますが、節約しているつもりで満足度の低い買いものを続けると、結局、ほしいものをひとつ買う以上の散財を知らず知らずのうちにしてしまいます。「気軽に買える金額」のものをちょこちょこ買うって……それこそお金があり余っている人の買い方なのかも。限られたお金だからこそ、本当にほしいものだけを買う。「本命」だけとつき合う。

「ガマン」でも「節約」でも「妥協」でもなく……満たされながらお金が貯まる新習慣。さっそく始めてみませんか？

本当の満足を知って、
わたしのミニマルな
暮らしは続く

CHAPTER

6

37

「みんなもってる」に逃げるのは「恐れ」から目をそらすためかもしれない

買いものが大好きだった頃のわたしは、暇さえあればPCを開いて「次は何を買おうかな」なんてことばかり考えていて。買っても買っても満足することを知らない……筋金入りの買いもの魔、だったのです。そんなわたしの、「次に買うもの探し」のための、最強の情報源といえば、無論、「SNSの世界」。

おしゃれな写真を公開している素敵な人たち。すぐに「ファン」になりました。憧れの人のもちものや暮らし、そして「ご購入品」を拝見できるなんて、なんと刺激的。毎日更新される「素敵ライフ」を眺めることは、わたしの喜びの日課でした。が。

そんなことに日々勤しんでいると、果てしなく膨らんでゆくのが「ほしいものリスト」。好きなブランドや気になるアイテムをハッシュタグ検索すれば……そこに広がるのは、めくるめく「ほしい！」の世界。

雑誌やテレビで見る、プロのコーディネートでないところが、また、よいのです。自分にもまねできそうな、そんな親近感。日常感。身近な感覚。

ああ、これほしい！　こっちもほしい！　みんなみんな、これをもってるんだ！

ＳＮＳの素敵世界は幻想かも

わたしが今も愛用しているバッグのひとつは、そんな頃に買ったもの。ＳＮＳからの多大なる影響を受けてのことでした。ネットの世界では、みながみな、揃いも揃ってそのバッグをもっていた。とてもかわいらしく。

が。憧れのバッグを晴れて購入し、かれこれ3年が経とうとしていますが、現実の世界で、その同じバッグをもっている人に会ったことが、わたしはただの一度もないのです。ＳＮＳの世界では、誰もかれもがこれをもっているみたいに見えたのに。

なんで？　ＳＮＳにあふれていた「おしゃれさん」たちは、いったいどこに行っちゃったの？　もしかしたら。「親近感」も「日常感」も「身近な感覚」も、すべて幻想だったのかもしれない。「みんなもってる」と思い込むことで、自分の物欲を正当化したかっただけなのかもしれない。本当にほしいものや必要なものを、自力で考えることからも、ずっと逃げていたのかもしれません。

わたしが恐れていたのは「貧乏くさい」と思われること

正直に打ち明けますと、わたしの中には「ミニマリストだからといって、貧乏くさいとは思われたくない」という強い思いがあります。それゆえに、ものが少ない暮らしを始めてからも、ふたつの「セリーヌ」のバッグを長い間手放せませんでした。ミニマルな暮らしも板につき、ものをもたないすばらしさを理解できていたはずなのに。自分にとっての「宝もの」であり、わたしのワードローブの「絶対的王者」として君臨し続けていたアイテムを手放すことが、この期に及んでも、まだ怖かったのです。「セリーヌ」のバッグは、わたしのしぶとい「虚栄心」の、最後の砦だった。

手に入れたばかりの頃は、冗談抜きで、これを失ったらもう生きてゆけない！くらいに思っていました。少し雨に濡れただけ、小さな傷がついただけでも、「あああああぁー」と声にならないうめき声を上げ、落ち込んだものです。

大切なものをもって、そういうこと。嬉しいけれど、どこか、とてもしんどい。手放すことを考えはじめてからも、ずいぶん迷いました。心の中の天秤が、「もっていたい」と「もたなくても大丈夫」の間を行ったり来たり。

自分は何を恐れているんだろう。何度も自問しました。そして、気づいたこと。わたしが恐れているのはバッグを失うことではない。「貧乏くさい」と思われることなのだ、と。素直にそれを認めたら、なぜなのでしょう、不思議なほどあっさりと、それを手放す決心がついたのです。

使わないから、手放す。本来それは、ものすごく自然なこと。

もう、大丈夫。ブランド物のバッグをもっていても、いなくても、わたし自身の価値はかわらない。そう思えるようになり始めた頃の、印象的な出来事でした。

38

バッグの中身には
その人の暮らしのすべてが表れる

気の合う人を見つけるのってとても難しいことですが、初対面の相手との相性を知りたければ、もう、こうすればいいのでは?という提案があります。わたしも、まだ、試したことはありませんが。

それは、バッグの口を開き、互いに中身をのぞき合うこと(笑)。

これ確認できたら、もうほぼ間違いないような気が。バッグの中身は、口ほどにものを言う。饒舌なのです。

バッグの中身って、その人のライフスタイルや「美意識」そのもの。その人の「人となり」や、「もの選びの基準」までもがひと目でわかります。もちもの量って、そのまま「不安の量」なのだ、ともよく言われますね。あなたの「バッグの中身」は、今、どんな様子ですか？

バッグが小さい人は、家も片づいている!?

バッグにたくさんのものが入っていて、しかもぐっちゃぐちゃなのに、家がきれい。という人は……まずいない。

バッグの中身のテイストには統一感があるのに、インテリアやファッションのコーディネートには無頓着、ということも、きわめて少ない。

「バッグの中身」と「バッグのもち主の雰囲気」には、必ず共通点がある。どちらかだけがダサい、ということはおそらく起こりえません。

たとえば、レストランでのランチに女性が数人集まったとして。そのとき、「バッグが小さい（荷物が少ない）順」と「家が片づいている順」は……かなりの確率で比例するはず。バッグの中身こそ「暮らしの縮図」なのです。

すっきり暮らしたいなら、まずはバッグの中を整えてみる

バッグの中身か。家の中か。

どちらが先かはわかりませんが、どちらか一方が整っている人は、やがて両方とも整う日が訪れるのではないかな、と思います。一方が美しく整うと、もう一方の汚さがじわじわと気になりはじめ、落ち着かなくなってくるはず、だから。

どちらかだけが散らかっている、というバランスの悪さ。そして、快適さの偏りに、生理的に耐えられなくなる。すっきりと暮らすことを目指すなら、まずはそのどちらかを、意識的に整えてみるとよいかもしれません。

どう考えてみましても、バッグのほうが楽ですね。「整え」のとっかかりとするのなら。バッグの中が整うと、頭の中も整います。不思議です。

子育て中の時期をのぞき、わたしのもちものはいつもこのぐらい。
重くなるのがいやなので（笑）。

39

あなたの暮らしに「急な来客」への備えは必要ですか？

ただでさえ何もないわが家なのですが、その中でも「特に意識して用意していないもの」というのがあります。それは、「急な来客用のもの」です。現在のわたしの暮らしにおいて、なんの連絡もなく、メールひとつよこさず、急にだれかが押しかけてくるようなことって、まず起こらない。

百歩譲って急な来客があったとして。そのときに完璧な対応ができないのは「恥ずかしいこと」なのでしょうか。

運よく小洒落たお茶菓子を用意できる、なんてこともあるかもしれませんが、急に来るほうに問題があるのです。何もなくたってそれは無理もないこと。何も恥ずかしいことはありません。きちんと掃除がなされ、部屋の中が片づいてさえいれば。

そんなときは無理に自宅でもてなそうとせず、「どこかでお茶しましょう」「おいしいものでも食べに行きましょう」、って一緒に出かけたらいい。泊まるところが必要なら、近くのホテルをすぐに押さえればいい。

「お客さま用」のものの出番って、ありますか？

結婚したばかりの頃のわたしは、「急な来客用」のものをひと通り万全に取り揃えていました。茶托つきの湯のみ。うやうやしいカップ＆ソーサー。予備の食器やカトラリー。各種の茶葉。お客さま用のスリッパ、座布団、タオル、寝具……。それに加えて、変な緊張や、自意識や、見栄（笑）。

絶対にいるものだと思い込んでいましたから、張りきって買い揃えてしまったのです。が。ある頃から、徐々に気づきます。

「あれ？　なんか、出番なくない？　これ、いらなかったんじゃない？」

最初に捨てたのは「お客さま用の布団」でした。続いて、茶托つきの湯のみ。

改めて考えると、どれもこれも必要だと判明してから買えばよかったものばかり。とてももったいないことをしました。当時は必要だと信じて疑わず、たとえ年に一度も使わなくても、いざというときをただ怖れ、備えていたのです。

急な来客に対応できなくても、恥ずかしくない！

「急にだれかが訪ねてくる」というありえない想定と、いつ何時もパーフェクトな対応をしてみせる！という気合を手放すことで、わたしはとても楽になれました。たくさんの来客用品を捨てて手に入ったのは、「がら〜ん」の幸せ。心の平和。

急に訪ねてきた人に、上等な湯のみや気の利いたお茶菓子を出せなかったところで、布団の用意がなかったところで、その恥がどれほどのものだと言うのでしょう。

出番があるかどうかわからなくても、しっかり準備しておく必要があるのは……おそらく「防災用品」だけ。お客さま用の布団より、家族を守るための準備のほうが、今のわたしにとって、何倍も大切ですから。

「お客さま用」のものは何ひとつありません。
もし急な来客があっても、家の中がきちんと片づいていれば十分、だと思うのです。

40

「もたない暮らし」を始めて3年。ちょっと切ない、物欲からの卒業

若い頃は、おもしろおかしく笑って過ごしたり、気のおけない仲間とビールを飲んでわいわい盛り上がったり。そんな「気楽な時間」のことを「楽しい時間」だと思っていました。でも年齢を重ねると、ちょっと違ってきますね。

どちらかと言えば、今は。真剣な顔して、好きなことや興味のあることを追求したり、笑いながらではできないようなことにとり組む時間のほうが、断然楽しい。

「捨て」がまさにそうでした。ひとりで黙々とものに向き合う孤独な時間、だった。たしかにとても苦しくて、泣いていた日のほうが多かったのだけれど……「捨て」の日々は、わたしにとって、苦しいながらも「超絶に楽しかった」のです。楽しさと、その中で味わう苦悩は、切り離すことのできない1セットなのかもしれません。渦中

にいるときはこんなこと、こりごりだと思っていた。けれど、今はあの「夢中だった時間」がとても愛おしい。頑張った自分のことが、じんわりと、なつかしい。

素敵なインテリアより、「がらーん」のほうが好き

昔から大好きだったスタイリストさんの、「片づけ」がテーマの新刊を買ってみたのです。安定の素敵さ、でした。けれど、「もう、違う」と思ったのです。

かつてのわたしは。この方の本を買ってしまうと、それはもう「たいへんなこと」になっていました。食器も。鍋も。服も。影響を受けまくり、見たもの見たもの、ほしくなる。千数百円の本を1冊買ったがために、時としてびっくりするような「大散財」をする羽目になってしまって。

だから今回も、本を買うのは少し怖かったのです。ほしいものがいっぱい載ってたらどうしよう、って。我慢できるだろうか、って。自信がなかった。せっかくたくさん手放したのに、素敵な人に影響されて、また何か買ってしまうんじゃないか、と。

でも、わたしは、かわった。大丈夫だった。

素敵な収納を見ても、何にもないわが家の納戸のほうが好きだな、と感じた。最後までページをめくっても、なんと、ほしいものは「ゼロ」でした。

「足る」を知ることで、物欲が自然に消えていった

読み終えたときの、自分の心の静寂さ。驚きました。そして、少し引いた。どうしたことだ。わたし、「物欲」がまったく暴れ出さない。

「ミニマルな暮らし」「足るを知る暮らし」を続けるうちに、「物欲」という魔物の影は、いつの間にか、ふっと消え失せていました。物欲が消えてくれたなら。そのときはきっと「大勝利の気持ち」になるのだとばかり思っていたけれど、想像していたのとは、ちょっと違いました。それは「卒業」だった。勝利や決別ではなく、物欲からの「卒業」。とても厳粛な、ちょっと切ない、けれど嬉しい。「旅立ちの日」のあの気持ちに、とてもよく似た心境でした。

今は、自分や家族の生活の質を高めることに時間を使いたい。
買いものするより、「掃除をしていたい」って思うのです。

41

ミニマルな暮らしが続く理由。それは「心」がかわるから

ものの少ない暮らしを続けて3年。ミニマルな暮らしが変えてくれるものって、ものの数であるとか部屋のすっきり感とかそういうことばかりではなくて、どちらかというと「心」なのです。少ないものでの暮らしが、自分を少しずつ変えてくれる。1歩ずつ成長させてくれる。わたしにとって、かつて抱えていたものの多くは「見栄」や「虚飾」でした。ものの数が、そのまま「劣等感の数」、だったんですよね。

片づけや掃除をする目的が、義務とか意地とか、運気向上！とか、そういうレベルの頃って……わたしの暮らしは、何もかわらなかった。掃除はいつも面倒くさく、片づけはただただつまらないものだった。幸せは、いつもすぐそこにあったのに、それを感じるための「心」が、まったく伴っていなかった、ということなのでしょう。

ものを手放して、生まれた、普通の毎日に感謝できる気持ち

掃除するときは不機嫌、ものを捨てるときには泣いていたわたし。苛立ちや不平不満で、身を滅ぼしそうだった。気持ちよく暮らしたかった。片づけや掃除、そして「捨て」を続けていると……わたしが捨てたかったのは「服」や「もの」のようでいて、本当は、不機嫌な自分？　磨いているのはトイレじゃなくて自分のダメな心？ふと、そんなふうに気づくときがきます（本当にきます）。だから、手放した。たくさん、たくさん手放した。ものを捨てることが苦しいのって、無理もないこと。そういう自分ひっくるめて捨ててゆくのだから。不要なものをすべて手放し、がら～んとなって暮らしてみると、そこにいたのはびっくりするほど「普通のわたし」でした。自信がもてず、不安で苦しい時期って、誰にでもあるでしょう？　そこからふわっと、浮き上がることができた。感謝したくなりました。それに気づかせてくれた「掃除」や「片づけ」に。「普通の毎日」に。そして、そばにいてくれる「大切な家族」にも。

今のままで十分に「足りていること」。そこに気づけた幸せ

ミニマリストを目指すと、「幸福感」や「運気の向上」を感じる人が多いのは、そういう仕組みからだと思います。ものに埋もれてぼやけていた、暮らしの「よいところ」の輪郭が、はっきりと浮かび上がる。今のままで十分に足りていることを実感できる。豊かさは、心の中に。なんでもない日常の中に、とっくにあったんだって、気づく。ミニマルな暮らしになってから、「感謝」って、求めるものなんじゃなくて、こちらから発露するものだってわかった。家族に貢献できることのありがたさ。妻として、母として、わたしがここにいる意味が初めてわかった気がしたのです。

ものが少なくなった今も1日ひとつ捨て続けている理由、それは。少ないものでの暮らしへの興味が今もまったく尽きないから。自分と向き合うことを、歩みを、成長を、止めてしまいたくないから。だから、今日もそして明日も、「1日1捨」。そう、捨てるんだ。ミニマルで気持ちのよいこの暮らしが……これからもずっと続くように。

幸せに過ごすために、今日も好きな服を着ます。
「ふつう」の毎日こそ、大切にしたいから。

わたしの家を初めて訪ねてくださった方は、よほど特殊な場合を除いて、たいてい驚かれます。この部屋のすっきりとした印象に。

声が「響く」ことにもびっくりされます。ものが少ないと、声がとても響くのです。まるで体育館やホールのように。

そして、ご自宅に帰ったら、「絶対に自分も片づけよう！」「不要なものを捨てよう！」って、口を揃えてそうおっしゃってくださる。

そんなふうに、ものの少ない暮らしに魅力を感じてくださることは……わたしにとって、たまらなく嬉しい瞬間です。

知らない道を歩くことは、誰だって少し怖いです。けれど、視線の先にもしもちょっとだけ先を歩く「誰か」の姿があれば。この方向に歩んだ先は、どうやら「ずいぶんと心地いいらしい」との見通しがつけば。新しいライフスタイルに向けて「歩み出す勇気」が湧き出てきませんか？

ミニマルな暮らしを目指してみようかな、という最初の「きっかけ」。この本

1歩。そして、また1歩。
1捨。そして、また1捨。

が、あなたのそんな「きっかけ」になれたなら、嬉しい。

片づけのゴールは、日々更新されてゆく。暮らしは、これからもずっと続く。足りている暮らしは、いつも、そう、自分次第。「今この瞬間」から選ぶこともできるんだよ、っていうこと……どうかあなたに届きますように。

最後に。ブロガーとしてのわたしの未知なる挑戦。その取り組みをそばで見守り、支えてくれた、家族。出版にびびり上がるわたしを、いつも天才的な距離感で、優しく励まし応援し続けてくれた大切な友達、捨て仲間・Eちゃん。

誰も知らなかったわたしのちっぽけなブログを見つけ、今日の日まで一緒に育ててくださった、親愛なる読者のみなさま。

そして、この本を手にとってくださった、かけがえのないあなたさま。

どんな言葉でも足りません。ありがとう。ありがとうございます。心からの感謝を、この言葉に込めて。

すずひ

シンプルしろくろの、すくないモノで暮らすミニマリストブロガー。3人暮らし。楽天ブログ「h＋and　～I want to throw away～」は、ブログ開始後、たった2年でライフスタイル部門及びミニマリスト部門でぶっちぎりの1位となり、以後、常に上位をキープし続けている。一種独特な「ミニマル暮らし」は他のミニマリストとは一線を画し、静かに熱いブログの語り口にファンが増え続けている。
ブログ：https://plaza.rakuten.co.jp/0212minimalist/diary/

1日《いちにち》1捨《いっしゃ》 ミニマルな暮《く》らしが続《つづ》く理由《りゆう》

2019年1月17日　初版発行
2019年2月10日　再版発行

著者　すずひ
発行者　川金 正法
発行　株式会社KADOKAWA
〒102-8177　東京都千代田区富士見2-13-3
電話 0570-002-301（ナビダイヤル）
印刷所　大日本印刷株式会社

ISBN 978-4-04-604118-0 C0077